Frank W. Demann

Highspeed Reading

Ich danke all denen, aus deren Wissen ich schöpfen durfte.

Frank W. Demann

Wenn ein Mensch sein Geld in seinem Gehirn anlegt, kann ihm niemand jemals etwas davon wegnehmen.
Geld, dass man für geistige Weiterentwicklung ausgibt, bringt immer die besten Zinsen.

Benjamin Franklin

Frank W. Demann

Highspeed Reading

Die Hochgeschwindigkeits-Lesemethode für das Informationszeitalter

GABAL

Die Deutsche Bibliothek – CIP-Einheitsaufnahme

Ein Titeldatensatz für diese Publikation ist bei Der Deutschen Bibliothek erhältlich
ISBN 3-89749-057-9

Illustrationen: Jörg Brand, Aue bei Chemnitz
Lektorat: Ute Flockenhaus, Fischerhude
Umschlaggestaltung: +Malsy Kommunikation und Gestaltung, Bremen, unter Verwendung eines Fotos von +Malsy, Bremen
Herstellung: image team, Bremen
Druck und Bindung: rgg Druck- und Verlagshaus, Braunschweig

2. Auflage 2001

Verlagsinformationen:
Jünger Service, Schumannstraße 161, 63069 Offenbach
Tel.: 069 / 84 00 03-22 (-0) Fax: 069 / 84 00 03-33

Inhaltsverzeichnis

Vorwort

Wir lesen wie vor 4000 Jahren

Seit 4000 Jahren gibt es die Schrift. Seit Tausenden von Jahren wird sie, anfangs nur von Eingeweihten und Gelehrten, gelesen. Im Informationszeitalter ist Lesen eine unausweichliche Tätigkeit geworden. Wir fliegen inzwischen zum Mond, verpflanzen Gene wie Sonnenblumen, transportieren Informationen mit unglaublicher Geschwindigkeit – und lesen noch wie vor 4000 Jahren.

Gehirnpotenzial besser nutzen

Aus den Ergebnissen der neusten Gehirnforschung wissen wir, dass unser Gehirn ein unglaubliches Potenzial besitzt und wir nur einen ganz geringen Anteil dieses Potenzials nutzen.

Wie wir uns neue Lesefähigkeiten aneignen, uns eine neue Dimension des Denkens erschließen und unsere geistigen Kapazitäten besser nutzen, davon handelt dieses Buch.

So sollten Sie dieses Buch lesen

Übersicht verschaffen

1. Verschaffen Sie sich eine Übersicht.
Lesen Sie den Text auf der Rückseite des Buchumschlags, das Inhalts-, Literatur- und Stichwortverzeichnis, die erste und die letzte Seite sowie Überschriften, Fett- und Kursivgedrucktes. Sehen Sie sich die Illustrationen und Schaubilder an. Entwickeln Sie eine erste Ahnung von den wesentlichen Inhalten in diesem Buch.

2. Lesen Sie mental.

Lesen Sie mit dem peripheren Blick. Entspannen Sie Ihre Augen und erweitern Sie Ihr Sichtfeld. Ihre Augen sollten alle vier Ecken und die weißen Flächen des Buches sehen können. In diesem Zustand lesen Sie die Seiten mental. Blättern Sie pro Sekunde eine Seite um und Sie haben das Buch in weniger als zwei Minuten mental in Ihr Gehirn eingelesen. Legen Sie anschließend eine kreative Pause von mindestens zehn Minuten ein.

Das Unterbewusstsein „füttern"

3. Entwickeln Sie Verständnis.

Gehen Sie aktiv an das Buch heran. Stellen Sie Fragen! Was wollen Sie vom Autor wissen, was interessiert Sie besonders? Überfliegen Sie den Text zügig! Lassen Sie sich von Ihrem Unterbewusstsein leiten. Ihr Gefühl wird Sie genau zu den richtigen, für Sie wichtigen Stellen führen. Verweilen Sie dort wenige Augenblicke und gehen Sie dann zügig weiter. In weniger als dreißig Minuten haben Sie die Grundideen und wesentlichen Inhalte dieses Buches erkannt.

Aktiv an den Leseprozess herangehen

Natürlich können Sie dieses Buch auch auf herkömmliche Weise lesen. Das ist okay. Dann lesen Sie das Buch eben anschließend mit Highspeed. Wenn Sie wie oben beschrieben vorgehen, erhöht dies Ihr Verständnis auf jeden Fall.

Auch herkömmliches Lesen ist okay

Wie das Buch entstand

Unzufriedenheit über mangelnde Kreativität

Als ich 28 Jahre alt war, ließ ich mein Leben Revue passieren. Dabei stellte ich fest, dass ich in meinem Leben eine Menge nicht konnte (welch schrecklich negative Betrachtungsweise!). Ich war handwerklich wenig begabt, meine zeichnerischen Fähigkeiten waren im Vorschulalter stecken geblieben, ich konnte kein Instrument spielen und irgendwie bewunderte ich Menschen, die kreativ tätig waren und sich schöpferisch ausdrücken konnten. Ich konnte mir zwar die wunderbarsten Sachen ausdenken, hatte allerdings das Gefühl, dass meine Hände nicht das taten, was mein Kopf dachte. Als ob zwischen meinem Gehirn und meinen Händen keine Verbindung bestünde. Aus Gesprächen weiß ich, dass viele Menschen so fühlen und meinen, Sie seien nicht kreativ und schöpferisch tätig zu sein sei eine Begabung von wenigen kreativen Genies.

Die Entdeckung von Schnelllesetechniken

Nun ergab es sich, dass ich in meinen Nachforschungen über Kreativität, Gehirn, Persönlichkeitsentwicklung, Gedächtnis usw. auch auf Schnelllesetechniken stieß. Ich war schon immer eine Leseratte und habe als Kind Bücher verschlungen wie andere Menschen ihr Mittagessen. Die Schnelllesetechniken haben mich sofort begeistert, und ich begann mich für dieses Gebiet ernsthaft zu interessieren. Ich las Bücher, besuchte Vorträge und Seminare und eignete mir immer mehr Kenntnisse über Schnelllesetechniken an.

Kompliziert und techniklastig

Mein Hintergrundwissen über beschleunigte Lernverfahren, NLP und Kreativitätstechniken ließ mich sehr schnell die bestehenden Systeme verstehen und anwenden. Allerdings schienen mir einige dieser Schnelllesesysteme sehr kompliziert und techniklastig zu sein, zudem waren sie zum Teil sehr umständlich aufgebaut. Manche der Lesesysteme gingen schlicht von falschen und überholten anatomischen und physiologischen Gegebenheiten aus, die wissenschaftlich so nicht haltbar waren.

Die Entwicklung von Highspeed Reading

Aus der Praxis und für die Praxis entwickelte ich Highspeed Reading®, ein Schnelllesesystem, das klar strukturiert und einfach zu handhaben, in jeder Situation anzuwenden und spielend leicht zu erlernen ist. Highspeed Reading eröffnete mir plötzlich neue Dimensionen des Lesens. Immer häufiger reichten mir nur zwanzig Minuten, um die wesentlichsten Gedanken und Inhalte eines Buches zu verstehen. Meine Lese- und Lerngeschwindigkeit erhöhte sich beträchtlich – und das bei einem bedeutend besseren Verständnis. Mein Denken bewegte sich nun plötzlich auf einer neuen Ebene. Anfangs unterrichtete ich Freunde und Bekannte in Highspeed Reading. Ihr Erfolg und die Begeisterung über diese neue Lesemethode war überwältigend. So wird es nun an der Zeit dieses neue Lesesystem der breiten Öffentlichkeit vorzustellen. Entdecken Sie die Vorzüge von Highspeed Reading und integrieren Sie diese neuen Fähigkeiten in Ihr Leben. Viel Spaß dabei!

1. Die Entwicklung von Schnelllese-techniken

Erste Untersuchungen durch die Royal Air Force

Die Geschichte des Schnelllesens beginnt Anfang des zwanzigsten Jahrhunderts. Viele wichtige und neue Erkenntnisse und Erfindungen werden zuerst militärisch genutzt. So ist es kaum verwunderlich, dass die ersten Informationen über das Schnelllesen von der Royal Air Force stammen. Militärs der Royal Air Force hatten herausgefunden, dass einige Piloten beim Fliegen unfähig waren, gegnerische und eigene Flugzeuge in einiger Entfernung voneinander zu unterscheiden. Natürlich war das im Luftkampf ein ungeheurer Nachteil.

Versuche mit dem Tachistoskop

Aus diesem Grund entwickelten die Taktiker der Air Force eine Maschine mit dem Namen *Tachistoskop*. Diese Maschine war in der Lage, Bilder in kurzen Zeitabständen auf eine Wand zu projizieren. Man begann damit, zunächst große Bilder eigener und feindlicher Flugzeuge an die Wand zu projizieren, und verkürzte dann nach und nach die Zeit der Projektion, verringerte den Blickwinkel sowie die Größe des gezeigten Bildes.

Überraschenderweise stellte man fest, dass es mit einiger Übung möglich war, winzige, nur punktgroße Bilder verschiedener Flugzeuge zu unterscheiden. Und das, obwohl die Bilder nur eine Fünfhundertstelsekunde auf die Wand projiziert worden waren.

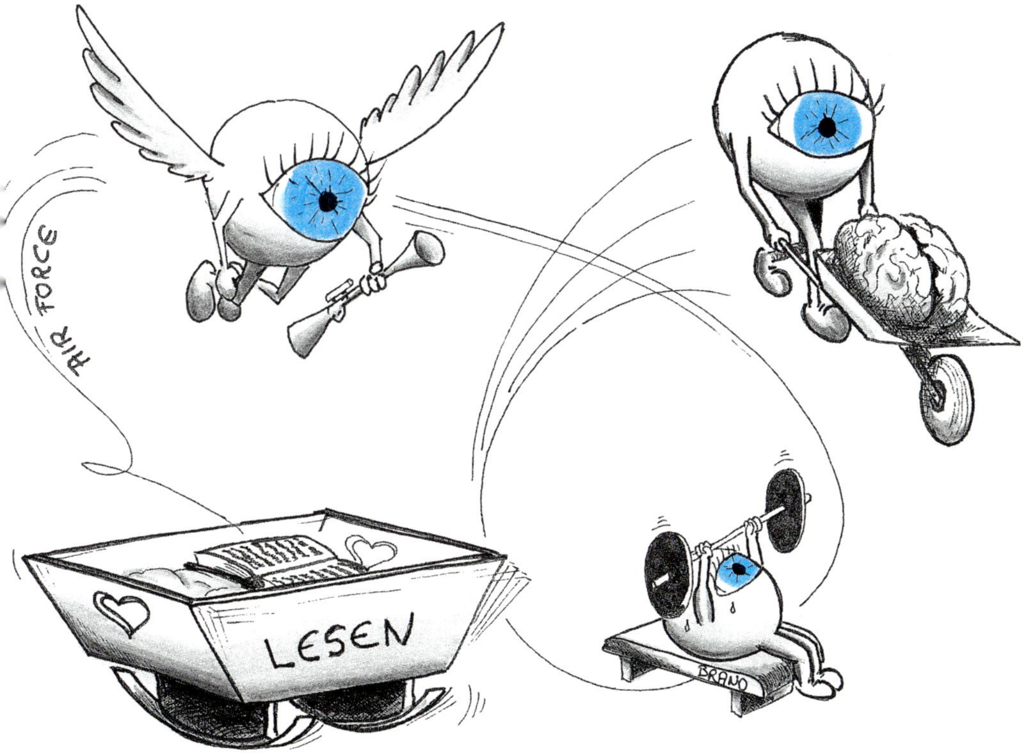
AIR FORCE
LESEN
BRANO

Tachistoskoptraining: Lesegeschwindigkeiten von 400 Wörtern pro Minute

Die meisten damaligen Schnelllesekurse, besonders in den USA, bauten auf dem Tachistoskoptraining auf. Man projizierte zunächst mehrere Worte in großen Buchstaben fünf Sekunden lang auf eine Wand, verkürzte die Projektionsdauer und verringerte stufenweise die Größe der Wörter. Bei einer Projektionsdauer von einer Fünfhundertstelsekunde konnten die Teilnehmer noch vier Wörter lesen. Mit etwas Training ließ sich die Lesegeschwindigkeit nach und nach von durchschnittlichen 200 Wörtern pro Minute auf 400 Wörter pro Minute erhöhen.

Für die damalige Zeit war das eine überragende Leistung, zum ersten Mal war eine Verdopplung der Lesegeschwindigkeit möglich geworden. Obwohl man schnell erkannte, dass das Tachistoskoptraining keine Steigerung mehr zuließ, wurde die Technik in vielen Schnellleseschulen weiterhin als Grundlagentraining benutzt.

60er-Jahre: Lesegeschwindigkeiten von 2000 Wörtern pro Minute

Anfang der Sechzigerjahre entdeckten Forscher, dass wir bei entsprechendem Training unsere Augen deutlich schneller bewegen können als allgemein angenommen. Nun wurde es möglich, die magische Grenze von 400 Wörtern pro Minute zu überschreiten. Lesegeschwindigkeiten von 2000 Wörtern pro Minute bei einem sehr hohen Verständnis waren bald keine Seltenheit mehr.

Evelyn Wood und das dynamische Lesen

Einer der Pioniere der ersten Stunde und wohl die bekannteste Lesetrainerin der damaligen Zeit war die Amerikanerin *Evelyn Wood*. Sie ist die Entdeckerin und Mitbegründerin des *dynamischen Lesens* und war bis in die Siebzigerjahre hinein sogar mit einer dynamischen Leseschule in Deutschland vertreten.

Die Rolle der Gehirnforschung

Den nächsten großen Durchbruch brachte die wissenschaftliche Erkenntnis, dass wir eigentlich mit unserem Gehirn lesen und unsere Augen nur der Wahrnehmung von Sinnesreizen dienen. Die Augen schaffen quasi eine direkte Verbindung zwischen unserem Gehirn und der Umwelt. Wir können unsere Augen mit einem Fotoapparat vergleichen. Entwickelt und sichtbar werden die Bilder allerdings erst im Fotolabor, also in unserem Gehirn.

Das Zusammenspiel von Auge und Gehirn

Diese Erkenntnisse eröffneten nun völlig neue Dimensionen des Schnelllesens. Es entstanden verschiedene Leseschulen, die sich auf die Fähigkeiten des Auges konzentrierten, große Druckflächen mit einem Blick zu erfassen und das Lesematerial direkt in das Gehirn zu schleusen, um es dort unbewusst zu verarbeiten.

Die „Väter" moderner Schnelllesemethoden

Die führenden Experten, die sich einen Namen bei der Entwicklung dieser neuen Lesetechnik gemacht haben, sind die Japaner Akihiro Kawamura und Hideo Oseki. In den USA hat Paul Scheele sein PhotoReading-System fast zeitgleich mit den Japanern entwickelt. Das sind die bekanntesten Entwickler der fortgeschrittensten Methoden, um Lesegeschwindigkeiten von 25 000 Wörtern pro Minute und mehr zu erreichen.

Was Sie in diesem Buch lernen

In diesem Buch werden Ihnen die neuesten und effektivsten Techniken vorgestellt, die Sie benötigen, um solche hohen Lesegeschwindigkeiten zu erreichen. Sie erhalten einen völlig neuen Zugang zur Informationsverarbeitung und entwickeln sowohl die Fähigkeiten Ihrer Augen als auch die Ihres Gehirns.

Vertrauen Sie Ihrem Unterbewusstsein!

Entscheidend dabei ist, Ihrem Unterbewusstsein zu vertrauen, gelassen und spielerisch mit den neuen Methoden umzugehen. Diese Hürde zu überspringen, alte Gewohnheiten loszulassen und sich neue effektive Hochgeschwindigkeitstechniken anzueignen ist ein Schritt in völlig neue Dimensionen der geistigen Informationsverarbeitung. Gehen Sie diesen Schritt und profitieren Sie von den unendlichen Möglichkeiten, die Ihnen das Highspeed-Reading-System bietet.

Das Kapitel im Überblick

- **Die ersten Schnelllesetechniken Anfang des zwanzigsten Jahrhunderts basierten auf dem Tachistoskoptraining, bei dem in Bruchteilen einer Sekunde Bilder und Wörter wahrgenommen werden können. Es wurden bereits Lesegeschwindigkeiten von 400 Wörtern pro Minute erreicht.**

- **Anfang der Sechzigerjahre konnte durch entsprechendes Augentraining die Lesegeschwindigkeit auf 2 000 Wörter pro Minute erhöht werden.**

- **Die modernen Schnelllesemethoden nutzen die Fähigkeit des Auges, große Flächen mit einem Blick zu erfassen und die Informationen direkt ins Gehirn zu schleusen.**

2. Altes Lesen und neues Lesen

Herkömmliches Lesen: die Gleichzeitigkeit von Lesen, Verstehen und Behalten

Altes Lesen beinhaltet mehrere Schritte, die allerdings in einem Arbeitsgang zu einem komplexen Handlungsablauf zusammengefasst werden. Nahezu gleichzeitig sollen Sie wichtige Textstellen lesen, den Gedanken des Autors folgen, alles Gelesene sofort in Ihrem Gedächtnis verankern und vielleicht sogar noch korrekt wiedergeben können.

Beispiel: Lernen unter Zeitdruck

Wer schon einmal unter Zeitdruck ein Referat vorbereitet oder für eine wichtige Prüfung gelernt hat, kennt folgende Situation: Sie sitzen vor einem Stapel Bücher, Ihr Blick schweift aus dem Fenster, draußen scheint die Sonne und es ist warm. Ihre Gedanken gehen spazieren und Ihr Sinn steht Ihnen nach etwas ganz anderem. Viel lieber würden Sie unter schattigen Bäumen spazieren gehen oder an einem kleinen, klaren Waldsee relaxen. Einfach faul sein und die Welt genießen.

Nichts geht mehr, der Kopf ist leer

Wenn da nicht dieser Stapel Bücher und das morgige Referat wären. Sie lesen, lernen, machen sich Notizen wie ein Weltmeister, aber irgendwie geht gar nichts. Sie haben das Gefühl, heute bekommen Sie nichts in Ihren Kopf. Wie gewonnen, so zerronnen. Sie meinen alles verstanden zu haben, aber sobald Sie sich nach zehn Minuten selbst testen, ist alles wie weggeblasen, Ihr Kopf ist leer. Selbst Dinge, die Sie perfekt wussten, Sachgebiete, wo Sie sich total sicher waren, bringen Sie durcheinander.

Druck führt zu Dokumentenschock

Das ist ein Horrorszenario, das die meisten von uns sicher schon einmal erlebt haben. Ihr Bewusstsein ist überlastet und schaltet sich buchstäblich ab. Ihr informationsverarbeitendes System steht unter starkem Druck, ein so genannter Dokumentenschock ist die Folge. Nun haben Sie die Nase endgültig voll, Sie knallen die Bücher in die Ecke und verschieben Ihre Ausarbeitung auf den Abend. Damit schaffen Sie sich noch mehr Druck, und wahrscheinlich schlagen Sie sich die halbe Nacht um die Ohren.

Die richtige Lernmethode ist entscheidend

Vielleicht liegt Ihnen das Thema nicht? Möglicherweise sind Sie heute eben nicht so gut drauf? Das alles können Faktoren sein, die unsere Lese- und Lernfähigkeiten nachhaltig beeinflussen. Doch den entscheidenden Anteil an unseren Lernerfolgen hat die *Methode,* die wir benutzen.

Ein Kugelstoßer verfügt über eine ausgereifte Technik, um die Kugel so weit wie möglich zu stoßen. Kraft und Schnelligkeit, seine mentale Einstellung entscheiden mit über Sieg oder Niederlage. Doch der alles entscheidende Faktor ist die Technik, die er anwendet. Eine Technik, die höchst effizient und effektiv sein muss, um die Kugel so weit wie möglich zu stoßen. Er kann schlecht in Form sein, einen mentalen Blackout haben, trotz allem wird er weiter stoßen als derjenige, der ineffiziente Methoden anwendet.

Mit intelligenten Strategien und effizienten Lernmethoden zum Erfolg

Es zeigen sich Parallelen zu jedem Lebensbereich. Wir sind in dem Bereich Spitze, wo wir *intelligente Strategien* und *effiziente Methoden* anwenden, um unsere Ziele und Absichten mit wenig Energieaufwand und so elegant wie möglich zu erreichen. Mit angewandten, effizienten Lese- und Lernstrategien erreichen Sie Ihre Ziele in Beruf, Studium und Weiterbildung bedeutend leichter.

Informationsflut bewältigen

Bücher, Zeitungen, Zeitschriften, Nachrichten in Funk und Fernsehen, Fax und Internet – eine ungeheure Menge an Informationen strömt auf uns ein, will gelesen, verstanden, in Kategorien eingeteilt und katalogisiert werden. Es ist immer wieder erstaunlich, wie wir diese Informationsmenge mit unseren Grundschullesetechniken bewältigen.

Als die Magnettonbandkassette von der CD abgelöst wurde, kamen zeitgleich die entsprechenden Abspielgeräte auf den Markt. Es wäre sehr verwirrend für Sie gewesen, wenn Ihnen ein Verkäufer die Vorzüge der Datenmenge und die Rauscharmut der CD erklärt und Ihnen gleichzeitig empfohlen hätte, die CD auf einem Plattenspieler abzuspielen.

Zeitgemäße Lese- und Lerntechniken aneignen

Es ist an der Zeit, uns auch auf dem Gebiet des Lesens und Lernens ein völlig neues Know-how anzueignen und zu nutzen. Vollziehen Sie einen Wechsel in Ihren Lesegewohnheiten. Lernen Sie, Ihre unerschöpflichen geistigen Ressourcen zu nutzen, und lassen Sie sich von Ihrem Unterbewusstsein führen. Lernen Sie, mit Supergeschwindigkeiten von 25 000 Wörtern pro Minute zu lesen. Sie werden dabei feststellen, dass sich auch Ihr Verständnis des Gelesenen beträchtlich erhöht.

Alte Glaubenssätze können Ihre Weiterentwicklung blockieren

Lösen Sie sich von einschränkenden Glaubenssätzen, die noch aus Ihrer Grundschulzeit stammen. Glaubenssätze und Ihr daraus resultierendes Denken können Sie voranbringen oder auch Ihre Entwicklungsmöglichkeiten behindern.

Glaubenssätze sind subjektiv

Ein sehr schönes Beispiel, das uns deutlich aufzeigt, wie sehr wir für unser Denken und unsere Gefühle selbst verantwortlich sind, ist die Geschichte mit dem Aufstoßen. Wenn Sie glauben, dass Aufstoßen unangenehm ist und „man das in Gesellschaft nicht tut“, werden Sie jedes Mal, wenn Sie jemanden beobachten, der in einer öffentlichen Umgebung aufstößt, ein Gefühl der Entrüstung verspüren und denken: Was ist das nur für ein Mensch? Hat der kein Benehmen? Glauben Sie aber, dass das Aufstoßen ganz natürlich und ein Zeichen für Gesundheit ist – wie dies in einigen Kulturen durchaus der Fall ist –, werden Sie dem Betreffenden zu seiner robusten Gesundheit gratulieren.

Grenzen überwinden

Wir sehen, dass allein unser Denken darüber entscheidet, wie wir uns fühlen und was für uns möglich ist. Sie selbst setzen sich durch Ihr Denken Grenzen. Und nur Sie selbst sind in der Lage, sie wieder aufzulösen.

Menschen, die Unmögliches möglich machen, gestalten den Fortschritt

Die Welt wurde schon immer von Menschen vorangebracht, die Unmögliches möglich gemacht haben, von Menschen, die Grenzen verschieben und in völlig neue Bereiche vorstoßen. Es kann viele Jahre dauern, bis sich eine neue Erkenntnis, eine revolutionäre Erfindung allgemein durchsetzt, doch dann wird sie schnell zur Selbstverständlichkeit. Die Wenigsten von uns können sich heute ein Leben ohne Elektrizität, ohne Waschmaschine oder Computer vorstellen.

Berühmte Schnellleser

Es gab auch schon immer Persönlichkeiten, die ihrer Zeit weit voraus waren. So haben sich viele große Denker, Präsidenten und Künstler schneller Lesetechniken bedient. Erinnert sei nur an *John Stuart Mill*, den großen britischen Philosophen des Utilitarismus, an Präsident *Franklin Roosevelt* oder auch Präsident *John F. Kennedy* als bekanntester Schnellleser unserer Zeit. Kennedy hat nachweislich Lesegeschwindigkeiten von 2 000 Wörtern pro Minute erreicht.

In den USA gehören Schnelllesekurse zur gehobenen Ausbildung

In den USA, unbestreitbarer Vorreiter auf den verschiedensten Gebieten, hat man schon vor Jahren erkannt, dass es bei der heutigen Informationsfülle nötig ist, die Lesetechnik zu verbessern. Speed Reading ist für viele amerikanische Studenten das Nonplusultra ihrer Ausbildung. Zahlreiche Universitäten in den Staaten haben eigene *Reading Improvement Programme* entwickelt, so z. B. Princeton, Yale, Harvard, Stanford usw. Auch in den High Schools, in der Armee, in Ministerien und vor allem in führenden Industrieunternehmen werden Schnelllesekurse veranstaltet.

Das Highspeed-Reading-System

Ein Buch in 5 bis 10 Minuten zu lesen, in weiteren 20 bis 30 Minuten zu verstehen und in seine eigene Gedankenwelt einzubinden, ist das Hochgeschwindigkeitslesesystem der Zukunft.

Das Highspeed-Reading-System ist die Synergie der effizientesten Schnelllesetechniken, der neuesten Erkenntnisse der Gehirnforschung und der fortschrittlichsten beschleunigten Lernverfahren.

Welche Techniken Sie benötigen, um effizient lesen zu können, wie Sie Highspeed Reading mit Gewinn in Ihr bisheriges Leseverhalten integrieren und für die Steigerung Ihrer Kreativität sowie zur Entfaltung Ihrer schöpferischen Fähigkeiten einsetzen, erfahren Sie in den folgenden Kapiteln. Bleiben Sie offen, wach und behalten Sie eine spielerische Einstellung. Folgen Sie mir auf eine Reise in das menschliche Unterbewusstsein.

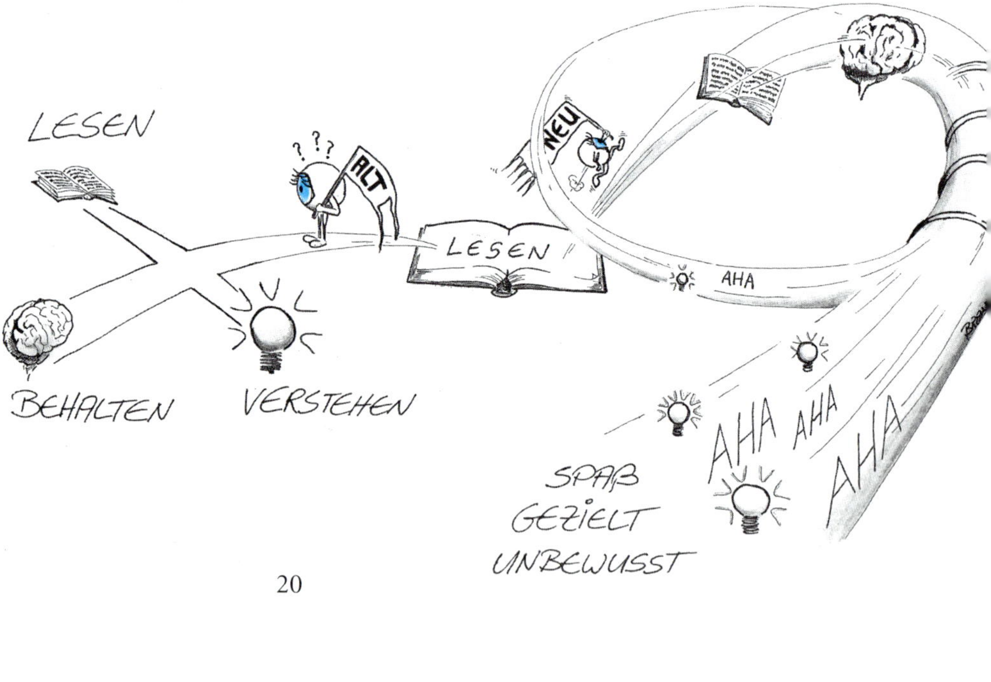

Das Kapitel im Überblick

- **Herkömmliches Lesen bedeutet die Gleichzeitigkeit von Lesen, Verstehen und Behalten.**
- **Es ist an der Zeit, unsere veralteten Grundschullesetechniken durch zeitgemäße Lern- und Lesetechniken abzulösen.**
- **Wer sich weiterentwickeln will, muss sich von überkommenen Glaubenssätzen lösen.**
- **Highspeed Reading basiert auf den neuesten Erkenntnissen bezüglich effizienter Schnelllese- und Lerntechniken.**

3. Splitting

Den Leseprozess aufsplitten

Splitting bedeutet, dass wir den komplexen Handlungsablauf des Lesens, Verstehens und Behaltens in einzelne Strategien unterteilen, die uns wiederum verschiedene Wahlmöglichkeiten eröffnen. Eine der grundlegendsten und intelligentesten Strategien, derer wir uns im Highspeed Reading bedienen, ist es, eine *Absicht* zu formulieren.

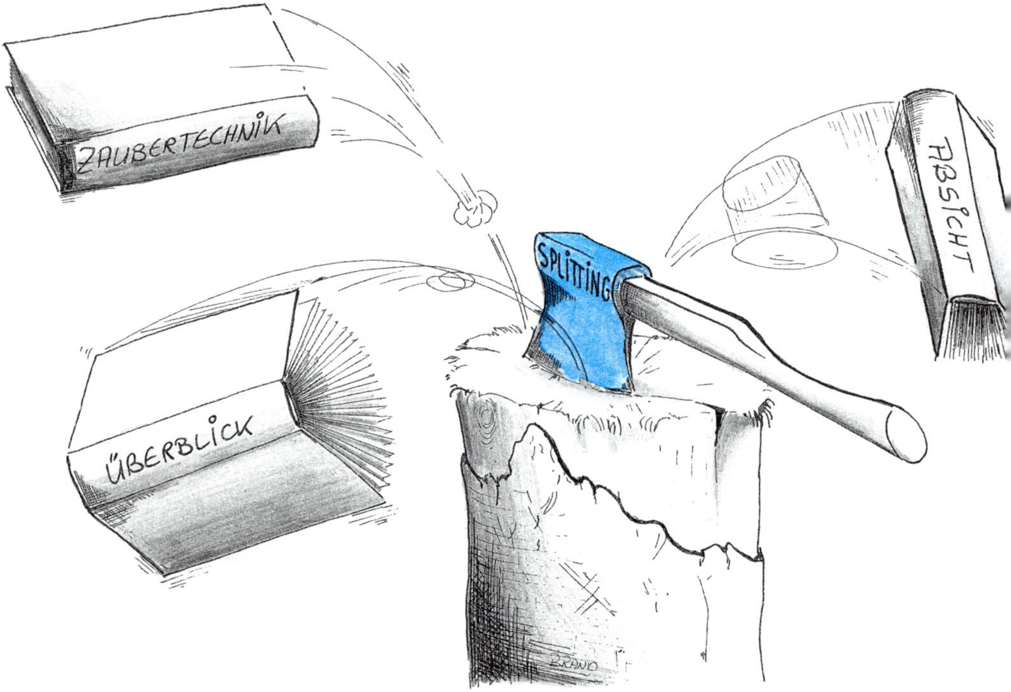

Eine Leseabsicht formulieren

Eine positive, kraftvoll formulierte Absicht programmiert Ihr Unterbewusstsein wie einen Autopiloten. Wenn die Suggestion mit unseren inneren Werten im Einklang steht, versucht das Unterbewusste auf jeden Fall dieses Ziel zu verwirklichen.

Das bedeutet: Formulieren Sie sehr exakt, welches Ziel Sie durch das Lesen erreichen wollen. Brauchen Sie einen Überblick über wichtige Textpassagen? Oder eine allgemeine Übersicht über das Buch? Wollen Sie bestimmte Details wissen, z. B. Zahlen, Fakten usw.?

Dem Unbewussten Handlungsanweisungen erteilen

Eine klare Absicht wirkt wie ein Leitstrahl für unser Unterbewusstsein. Je eindringlicher und präziser formuliert, umso mehr wird Ihr Unterbewusstes die gewünschten Resultate hervorbringen. Kontinuierlich findet in unserem Inneren ein verbaler Dialog mit unserem Unterbewussten statt, dem wir auf diese Weise Handlungsanweisungen erteilen. In der Regel vertrauen wir unserem inneren Bewusstsein so sehr, dass von unserer Seite keine Zielüberprüfung vorgenommen wird.

Der innere Dialog

So verspüren Sie vielleicht Hunger und sehen vor Ihrem geistigen Auge ein belegtes Brötchen. Schon können Sie beobachten, wie sich Ihr Körper ohne Umwege in die Küche begibt, Ihre linke Hand die Kühlschranktür öffnet, Ihre Augen des Angebot mustern und Sie im Geist sprechen: Hmm ... Fisch? Ach, Fisch hatte ich erst gestern, ahh Käse, ja Käsebrot mit Tomate, ja das ist es. Augenblicklich wird sich Ihre Hand, zielsicher von den Augen geleitet, in den Kühlschrank bewegen, den Käse greifen und dort ablegen, wo Sie es möchten.

Leitfragen

Gehen Sie in Zukunft genauso zielsicher mit Ihrem Lesematerial um. Geben Sie Ihrem Gehirn eine klare

Anweisung. Sagen Sie Ihrem Geist, was jetzt zu tun ist, und bereiten Sie ihn auf das Kommende vor. So eingestimmt setzt Ihr Gehirn Prioritäten und vollzieht einen Wechsel in der Perspektive. Bestimmen Sie Ihre Absicht, indem Sie sich folgende Fragen stellen:

Wie lese ich?

Will ich oder muss ich dieses Material lesen?
Und wenn ich muss, wie positiv kann ich es für mich gestalten? Welche Strategien stehen mir zur Verfügung?

Warum?

Ist dieser Stoff für mich wichtig?
Was ändert sich durch das Lesen für mich? Wozu wäre das gut? Was hätte ich von dieser Veränderung?

Was?

Was will ich wirklich wissen?
Will ich einen allgemeinen Überblick über das Material? Brauche ich Details? Wichtige Daten und Fakten? Will ich den Lesestoff sinngemäß verstehen oder korrekt zitieren können?

Wie lange?

Wie viel Zeit investiere ich, um mein Ziel zu erreichen?
Geben Sie eine Zeit vor, arbeiten Sie effizient und zielgerichtet. Ein mit sich selbst vereinbarter Zeitrahmen erhöht Ihre Aufmerksamkeit sehr deutlich.

Aktiv an den Leseprozess herangehen

Es ist äußerst wichtig, *aktiv* an den Leseprozess heranzugehen. Bestimmen Sie jedes Mal, wenn Sie lesen, eine Absicht. Es ist eine sehr einfache und wirkungsvolle Technik, die Ihre Leseeffizienz weitreichend und dauerhaft verändern wird.

Investieren Sie einige wenige Sekunden Ihrer Zeit für die Formulierung der zu erreichenden Leseziele, und Sie werden viele Stunden an Zeit gewinnen.

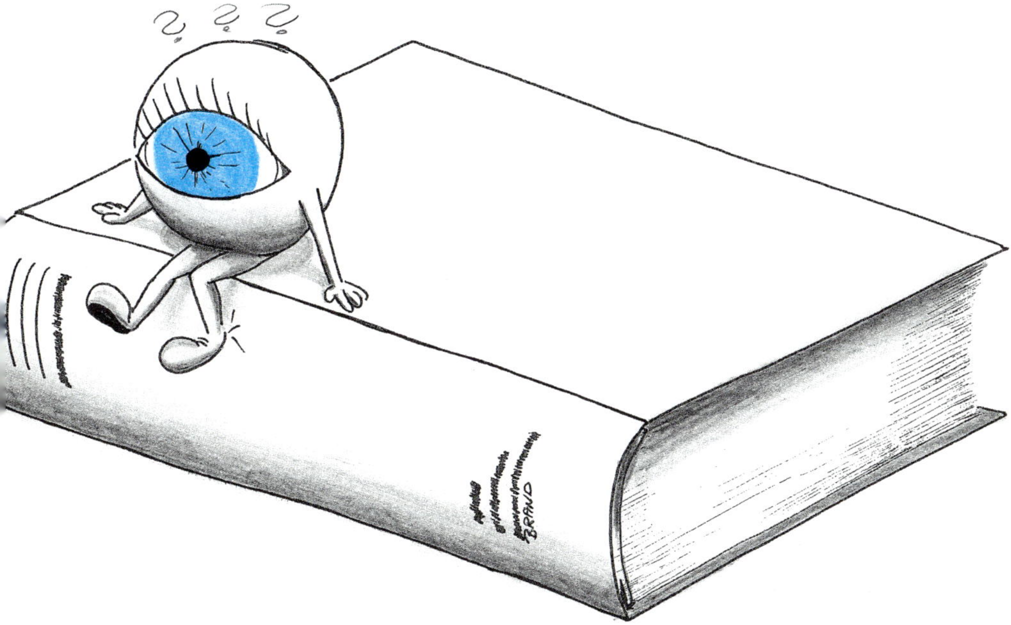

Das Kapitel im Überblick

- **Beim Highspeed Reading wird der Leseprozess in unterschiedliche Schritte aufgesplittet.**
- **Der erste Schritt besteht darin, eine Leseabsicht zu formulieren.**
- **Die Formulierung einer Absicht „programmiert“ das Unterbewusstsein auf die Erreichung des Ziels.**
- **Die Absicht sollte präzise sein. Als Hilfsmittel können Leitfragen dienen: wie, warum, was und wie lange?**

4. Die Zaubertechnik

Entspannte Konzentration

Untersuchungen haben ergeben, dass wir dann am besten lernen und lesen, wenn wir entspannt und geistig hellwach sind. Wenn wir unsere Aufmerksamkeit ohne uns anzustrengen ganz auf das Lesen konzentrieren, bringt uns dies in den idealen Zustand. Jegliche Verbissenheit, jegliches Verkrampfen verhindert die Entfaltung unserer tatsächlichen Fähigkeiten.

Wenn Sie diese Erfahrung an sich selbst nachvollziehen wollen, spannen Sie einfach stehend Ihre Beine an, so sehr Sie können. Halten Sie die Spannung, und versuchen Sie nun einen Schritt. Unter starker Spannung wird Ihnen das kaum gelingen. Lösen Sie Ihre Spannung und der normale physiologische Bewegungsablauf wird sich wieder einstellen.

Augen reagieren auf Verspannung und Stress

Jeder Ärger, jeder Kummer erhöht unsere Körperspannung. Das betrifft auch unsere Augen. Der Sehnerv, der aufgrund seines großen Durchmessers als Teil vom Gehirn angesehen wird, ist in seiner Länge und Lage ziemlich anpassungsfähig. So kann der Augapfel sich in emotionellen Stresssituationen (z. B. Kummer) weiter in die Augenhöhle zurückziehen, aber auch aus den Augenhöhlen heraustreten und seine Umwelt neugierig beäugen.

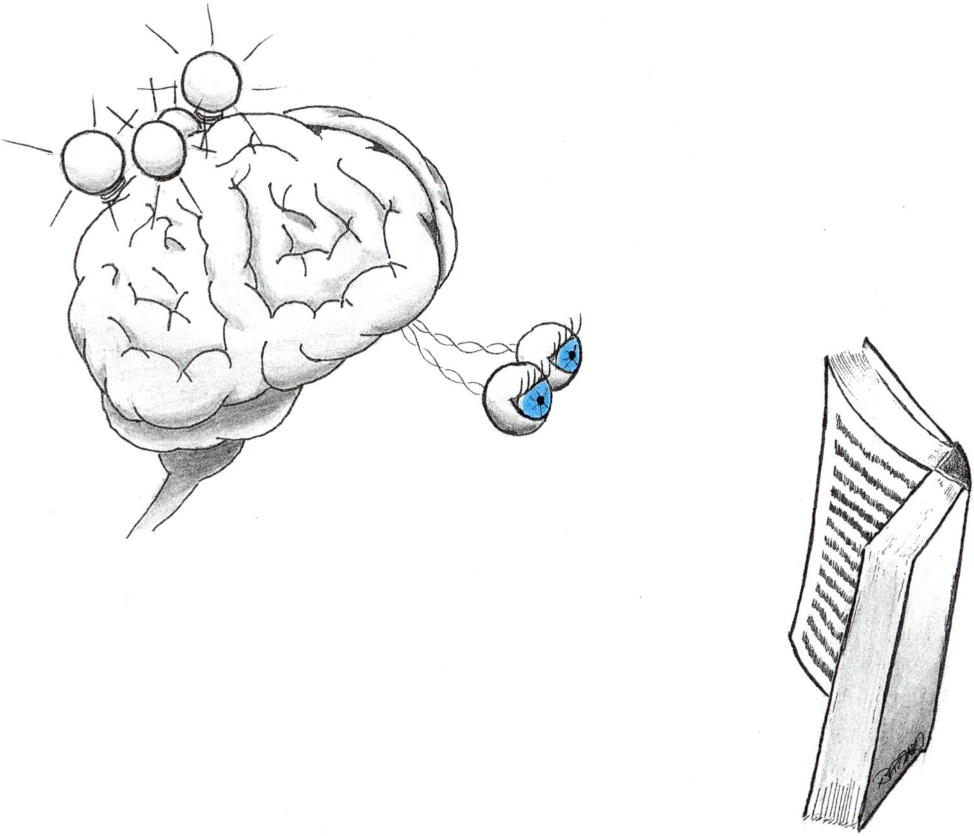

Die Reaktion der Pupillen

Selbst unsere Pupillen reagieren auf unsere gefühlsmäßige Verfassung. Allgemein dürfte bekannt sein, dass sich unsere Pupillen, je nach Lichtstärke und Entfernung des Objekts, vergrößern oder verkleinern. Neueste Forschungsergebnisse beweisen, dass die Pupillengröße auch von unserem *Interesse* und unserem *emotionalen Zustand* beeinflusst wird. Je begeisterter Sie einen Gegenstand betrachten, umso mehr nimmt die Pupille an Größe zu. Untersuchungen haben ergeben, dass solche Veränderungen, obgleich sie sehr gering ausfallen, von unseren Mitmenschen unbewusst wahrgenommen werden.

Zusammenfassend können wir sagen:

Je mehr Sie an Ihrem Lesematerial interessiert sind, je mehr Sie der Lesestoff begeistert, umso mehr lassen Ihre Pupillen Licht ein und umso schärfer wird Ihre Wahrnehmung. Durch lebhaftes Interesse und Begeisterung versetzen Sie sich selbst in die Lage, mühelos mehr Informationen pro Sekunde aufzunehmen, zu verarbeiten und zu speichern.

Eine negative Einstellung blockiert den Geist

Von besonderer Bedeutung sind diese Erkenntnisse für unser Leseverhalten. Wenn Sie Bücher z. B. aus beruflichen Gründen lesen müssen, desinteressiert und mit einer negativen Einstellung herangehen, verhindern Sie die Nutzung Ihrer gesamten geistigen Fähigkeiten. Aus dem daraus erwachsenden Frust kann es zu einer Denkblockade kommen. Ein Kreislauf, der Sie mental so stark blockieren kann, dass Sie regelrechte Abneigungen gegen gewisse Fachgebiete, Lernfächer, Bücher und sogar Autoren entwickeln können.

Geistige Ressourcen nutzen

Egal, um welches Lesematerial es sich handelt, effektives Lesen ist nur möglich, wenn wir mental positiv eingestellt sowie geistig hellwach sind. Wird dieser Zustand in jeder Lesesituation aufrechterhalten, werden Sie Ihre geistigen Ressourcen maximal nutzen können. Sie werden bedeutend besser verstehen, verknüpfen und sich mühelos an das Gelesene erinnern.

Den idealen Lesezustand herstellen

Sie können den optimalen Bewusstseinszustand leicht und schnell herstellen, indem Sie eine Ankertechnik aus dem NLP benutzen. Die Experten des *Neuro-Linguistischen Programmierens* haben herausgefunden, dass Zustände und Gefühle, ja sogar ganze Verhaltensprogramme auf Signale hin abgerufen werden können.

Schlüsselreize, kurz *Anker* genannt, sind magische Kräfte, denn sie wirken auf unser Unterbewusstsein und organisieren unsere Verhaltensweisen. Mit Hilfe von Ankern können wir den idealen Lesezustand herstellen, fest in unserem Unterbewusstsein integrieren und jederzeit auf ein bestimmtes Signal hin abrufen. Diese geniale und leicht zu erlernende Methode lenkt Ihre geistigen Ressourcen automatisch in die gewünschte Richtung. Bei optimaler Installation in Ihrem Unterbewusstsein verbessert sich Ihre Lesetechnik sofort sehr deutlich.

Die Zaubertechnik

Ich nenne diese Technik die „*Zaubertechnik*". Sie bringt uns in einen anderen Bewusstseinszustand und erhöht unsere innere Wahrnehmung. Sie „verzaubert" uns quasi.

Die Zaubertechnik ist vielleicht die einzige wirkliche Technik im Highspeed-Reading-System. Alle anderen Schritte sind Denkmodelle, intelligente Strategien und im Zuge des allgemeinen wissenschaftlichen Fortschritts neue Betrachtungsweisen. Sie können die Zaubertechnik in vielen Lebensbereichen mit Gewinn einsetzen. Immer, wenn Sie besonders aufmerksam sein wollen und Ihre Wahrnehmung sehr klar sein soll, kann Ihnen die Zaubertechnik gute Dienste leisten.

Step by step-Anleitung

Lernen Sie nun die einzelnen Schritte dieser wunderbaren Technik. Nehmen Sie sich Zeit und sorgen Sie dafür, dass Sie für ein paar Minuten ungestört bleiben. Legen Sie Ihr Lesematerial bereit. Ihre Füße stehen nebeneinander fest auf dem Boden. Nehmen Sie ein aufrechte und bequeme Körperhaltung ein, und lassen Sie Ihren Atem leicht und gleichmäßig fließen. Schließen Sie die Augen. Nun legen Sie Ihre linke Hand auf den Hinterkopf, etwa da, wo bei vielen Menschen der Haarwirbel sitzt. Berühren Sie diese Stelle sanft und spüren Sie den mini-

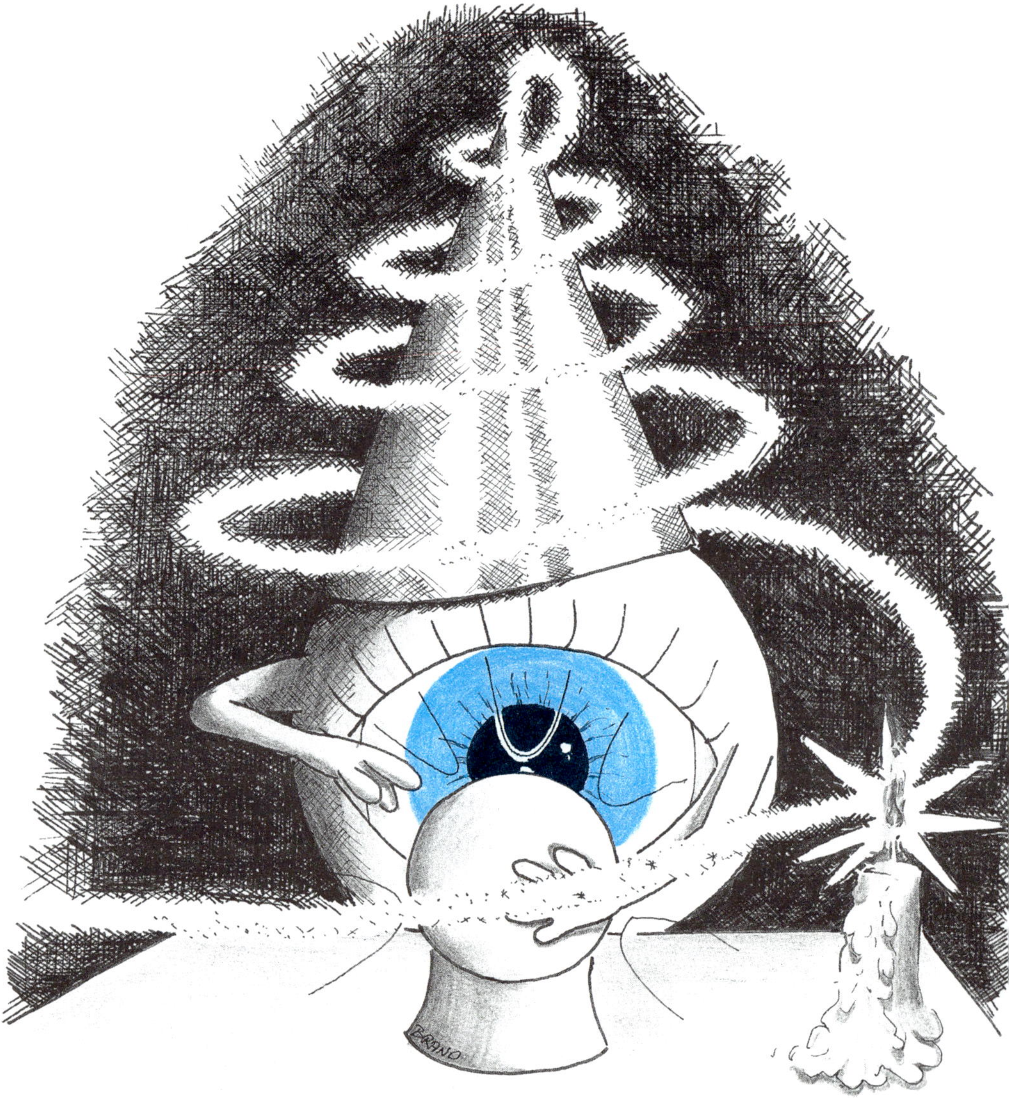
BRANO

malen Druck, den Ihre Hand auslöst. Nehmen Sie wahr, wie sich Ihr Bewusstseinszustand dadurch verändert. Bringen Sie ein Lächeln in Mund und Augenwinkel. Halten Sie die Augen weiterhin geschlossen, und nehmen Sie wahr, wie sich Ihr Sehfeld erweitert. Spüren Sie, wie sich innerhalb Ihrer geschlossenen Augen Vorhänge öffnen. Bewahren Sie sich das Gefühl des erweiterten Sehfeldes und nehmen Sie Ihre Hand nun herunter, öffnen Sie die Augen und beginnen Sie lächelnd zu lesen.

Die Wirkung der Zaubertechnik

Die Wirkung der Zaubertechnik kann enorm sein. Flüssigere Augenbewegungen, die Aufnahme von ganzen Wortgruppen oder gar Sätzen sind nur einige der Feedbacks, die wir von unseren Seminarteilnehmern bekommen. Durch regelmäßiges Üben können Sie die Wirkung der Zaubertechnik verstärken und weiter optimieren. Wenden Sie die Technik regelmäßig auf jede Art von Lesematerial an.

Der Starterknopf für eine erhöhte Wahrnehmung

Am Anfang werden Sie Ihre Hand bewusst auf den Hinterkopf legen. Nach einer gewissen Zeit reicht die Vorstellung des Drucks, den Ihre Hand auslösen würde, um in eine erhöhte Wahrnehmung zu gelangen. Ihre Hand ist quasi Ihr Starterknopf für den gewünschten Zustand, so wie der Anlasser, der an Ihrem Auto den Motor startet. Sobald Sie den gewünschten Zustand hergestellt haben, richten Sie Ihre Aufmerksamkeit nur noch auf das Lesen.

Machen Sie einen Test!

Sie können die Wirkung der Zaubertechnik selbst überprüfen. Schlagen Sie ein Buch auf und lesen Sie auf herkömmliche Art ein bis zwei Absätze. Lassen Sie anschließend einige Minuten verstreichen. Lesen Sie einige neue Absätze mit der Zaubertechnik und reflektieren Sie Ihre gemachten Erfahrungen.

Wenn Sie Mühe damit haben, die Wirkung der Zaubertechnik an sich festzustellen, lassen Sie einfach los. Wenn die Technik gegen Ihre Vorstellungen verstößt, wie Lesen zu sein hat, lösen Sie sich spielerisch von diesen überkommenen Glaubenssätzen und lassen Sie sich zwanglos auf das Neue ein. Vielleicht kann ich Ihnen anhand eines Gleichnisses zeigen, um was es mir geht. Stellen Sie sich vor: In der ersten Klasse haben Sie lesen gelernt, in der zweiten Klasse die Zaubertechnik. Sie können nur mit der Zaubertechnik lesen – glauben Sie zumindest. Sie haben es so gelernt, Sie haben es viele Jahre so getan und alle anderen, selbst die, die einen akademischen Weg eingeschlagen haben, lesen genauso wie Sie. Angenommen ich würde Ihnen jetzt erklären, Sie sollten die Technik weglassen und durch eine andere Methode ersetzen. Wie würden Sie reagieren? Seien Sie ehrlich! Wie würden Sie reagieren nach all den Jahren und den festen Vorstellungen, die Sie vom Lesen vermittelt bekommen und verinnerlicht haben? Neugierig? Interessiert und aufgeschlossen?

Spielerisches Ausprobieren der Technik

Experimentieren Sie mit dieser Technik. Gehen Sie spielerisch und zwanglos heran, und Sie werden eine Reihe positiver Veränderungen bemerken. Ihr Bewusstsein beruhigt sich, Sie konzentrieren Ihre Aufmerksamkeit besser und Ihr Sehfeld erweitert sich. Daraus resultiert eine deutliche Verbesserung Ihrer Leseleistung. Wenden Sie die Zaubertechnik auf die folgenden Kapitel dieses Buches an. Nehmen Sie die Veränderungen in Ihren Lesegewohnheiten wahr, und genießen Sie dieses Gefühl.

Investieren Sie etwas Zeit in die Vorbereitung

Beginnen Sie in Zukunft Ihren Leseprozess immer mit einer *motivierenden Absicht* und bringen Sie sich mit der *Zaubertechnik* in einen Zustand der erhöhten Wahrnehmung. Einige wenige Sekunden Ihrer Zeit genügen dafür. Anschließend sind Sie bereit, sich mit dem eigentlichen Lesematerial auseinander zu setzen.

Das Kapitel im Überblick

- **Der optimale Zustand für effektives Lesen und Lernen: entspannte Konzentration, Interesse, positive Einstellung.**
- **Die Zaubertechnik: Durch einen Schlüsselreiz (Anker) versetzen Sie sich in einen Zustand erhöhter Wahrnehmung.**
- **Gehen Sie spielerisch mit der Zaubertechnik um, experimentieren Sie.**

5. Übersicht verschaffen

Möglicherweise ist es Ihnen auch schon so ergangen: Sie sind unterwegs, und Ihre Freunde unterhalten sich über ein Fachgebiet, das Ihnen völlig fremd ist. Nicht einmal eine Ahnung haben Sie, um was es geht. Keines der angesprochenen Themen ist Ihnen geläufig. Wenn Sie wenigstens einige Termini verstehen und zuordnen könnten, wäre das ganze Gespräch für Sie schon interessanter.

Je mehr Sie involviert sind, desto leichter das Lesen

Sobald Sie neues Textmaterial lesen, sind Sie in einer ähnlichen Situation. Ein neues Buch konfrontiert Sie mit unbekannten Informationen, die verstanden und in Ihr bestehendes Wissensnetz eingebunden werden wollen. Je stärker Sie gefühlsmäßig auf das Thema eingestimmt sind, je mehr Kenntnisse Sie bereits über den Lesestoff haben, desto leichter fällt Ihnen das Lesen, Verstehen und Behalten.

Unterschiedliche Texte – unterschiedliche Herangehensweisen

Ein Fachbuch ist anders aufgebaut als ein Roman, ein Bildband unterscheidet sich in seiner Struktur von einem Wörterbuch. Einige Autoren fassen nach jedem Kapitel ihre grundlegenden Gedanken noch einmal zusammen. Manche Bücher erschließen sich uns ganz einfach, sie sind logisch strukturiert und ein roter Faden leitet uns. Es macht Sinn, jedes Textmaterial anders zu behandeln und uns jeweils die Informationen aus dem Text zu holen, die wir gerade brauchen.

Verschaffen Sie sich zuerst eine Übersicht über das Lesematerial. Auf diese Weise erkennen Sie die Struktur und können entscheiden, wie Sie weiter vorgehen.

So verschaffen Sie sich eine Übersicht

Und so erhalten Sie eine Übersicht:

- Lesen Sie den Text auf dem Umschlag und den Seitenklappen des Buches.
- Schauen Sie sich das Inhaltsverzeichnis, das Literaturverzeichnis und das Datum der Veröffentlichung an.
- Lesen Sie das Kursiv- und Fettgedruckte, Kapitelüberschriften, die erste und die letzte Seite des Buches sowie Zusammenfassungen und Übersichten am Ende von Kapiteln.
- Sehen Sie sich die Abbildungen und Grafiken an.

Maximal 8 Minuten für ein Buch

Je nach Umfang des Materials dürften fünf bis acht Minuten für eine Übersicht genügen. Bei Artikeln, Broschüren usw. verkürzt sich die Zeit dementsprechend auf dreißig Sekunden bis zwei Minuten.

Übersicht über Struktur, Aufbau, Inhalte

Jetzt haben Sie Ihren Geist ideal für die Beschäftigung mit dem Textmaterial vorbereitet. Sie können sich ein recht genaues Bild von der Struktur, dem Aufbau und den Inhalten des Buches machen. Es wird Sie erstaunen, was Sie mit dieser Strategie alles herausfinden werden.

Sie sparen viel Zeit

In einigen Fällen kann Ihnen schon eine Übersicht genügen, um an Ihr Ziel zu gelangen. Eine Übersicht kann auch zu der Entscheidung führen, einen Text nicht zu lesen. Sie ersparen sich eine Menge Zeit, wenn Sie entdecken, dass dieses Lesematerial für Sie keinen Wert hat.

Mit der Übersicht „füttern" Sie Ihr Gehirn

Vertraute Muster erkennt unser Gehirn am leichtesten. Ist uns der Text, das Fachgebiet etc. bekannt, ist es einfach für unser Gehirn, neues Wissen einzubinden, zu verknüpfen und zu speichern. Schwieriger wird es, wenn Sie in völliger Ahnungslosigkeit schwelgen, z. B. bei einem absolut neuen Stoff. Wenn Sie sich zunächst eine Übersicht verschaffen, werden in Ihrem Gehirn neuronale Netzwerke stimuliert, d. h. Ihr Gehirn bekommt eine erste Ahnung vom dem zu lesenden Thema.

Lassen Sie Ihrem Gehirn Zeit zu arbeiten

Erlaubt es Ihre Zeit, so sollten Sie bei einem für Sie neuen Thema zwischen Übersicht und mentalem Lesen eine kreative Pause von mindestens einer Stunde einlegen; besser ist es, Ihrem Gehirn einen ganzen Tag Zeit zu geben, das Neue zu verarbeiten.

Idealerweise gehen die einzelnen Schritte des Highspeed-Reading-Systems nahtlos ineinander über. Allerdings ist es bei völlig unbekanntem Lesematerial von Vorteil zu warten. Geben wir doch in einer kreativen Pause unserem Gehirn die Möglichkeit, unbewusst weiterzuarbeiten und neue neuronale Verbindungen zu schaffen.

Vor dem mentalen Lesen nochmaliger Überblick

Sobald Sie das Textmaterial mental einlesen wollen, verschaffen Sie sich vorher noch einmal einen kurzen Überblick, um Ihr Gehirn erneut zu stimulieren. Sie werden erstaunt sein, wie bekannt und vertraut Ihnen das Lesematerial bereits vorkommen wird.

Zeit investieren, um Zeit zu sparen

Wir schlagen sozusagen mit der Übersicht die Pfähle in den Boden und stecken das Terrain ab. In der ganzen Vorgehensweise liegt eigentlich ein Paradoxum. Denn wir lassen uns bei dieser Vorgehensweise Zeit, um am Ende viel schneller zu sein als mit den herkömmlichen Lesemethoden.

Das Kapitel im Überblick

- **Mit einer Übersicht verschaffen Sie sich ein Bild von Struktur, Aufbau und Inhalt eines Buches.**

- **Um sich eine Übersicht über ein Buch zu verschaffen, genügen acht Minuten.**

- **Bei einem neuen Thema sollte nach der Übersicht eine Pause eingelegt werden, damit der Stoff verarbeitet werden kann.**

- **Mit einer Übersicht investieren Sie zunächst Zeit, um später Zeit zu sparen.**

6. Mental Reading

Quantensprung der Informationsaufnahme

Jetzt sind wir beim Kern des Highspeed-Reading-Systems angelangt. Mental Reading ist ein Methode, die uns einlädt, die brachliegenden Fähigkeiten der rechten Hemisphäre zu nutzen und mit unserem Unbewussten zu spielen. Mental Reading führt Sie in eine neue Dimension des Schnelllesens. Ein Quantensprung in der Informationsaufnahme, der es Ihnen ermöglicht sich neue Meta-Lesefähigkeiten anzueignen.

Die Entwicklung des Lesens

Mit dem mentalen Lesen stellen Sie eine Verbindung, eine Schnellstraße, zu Ihrem Unterbewussten her, auf der Sie Unmengen von Daten in kürzester Zeit in Ihr Unterbewusstsein transportieren. Bedenkt man, dass noch im Mittelalter vorwiegend laut gelesen und leises Lesen als ungewohnt und schwierig empfunden wurde, kann man das mentale Lesen als einen weiteren Schritt in der Entwicklung des Lesens betrachten. So wie es in der heutigen Zeit selbstverständlich ist, still für sich zu lesen und die Subvokalisierung, das geistige Mitsprechen, nur noch im Stillen zu vollziehen, wird vielleicht auch das mentale Lesen in einigen Jahren ganz selbstverständlich sein.

Jeder kann mental lesen

Zunächst ist es an der Zeit, die neuen Höhen der menschlichen Informationsverarbeitung zu erobern. Mental Reading versetzt Sie in die Lage, den Inhalt ganzer Buchseiten unbewusst zu erfassen und in wenigen Sekunden in Ihr Unterbewusstsein zu schleusen. Mentales Lesen erschließt sich jedem, der bereit ist spielerisch und offen heranzugehen. Die Fähigkeit der subliminalen Wahrnehmung ist Ihnen angeboren. Um mental lesen zu können benutzen wir unsere Augen auf besondere Art und Weise.

Das Auge

Die Konstruktion des menschlichen Auges erlaubt es, Informationen auf unterschiedliche Weisen zu verarbeiten. In der Netzhaut (Retina) gibt es zwei Arten von Sinneszellen, die unterschiedliche Funktionen haben. Die so genannten *Zapfen* sind in der Fovea, einem stecknadelgroßen Gebiet in der Netzhaut, konzentriert. Sie ermöglichen uns, scharf zu sehen. Die scharfen Bilder, die auf der Netzhaut abgebildet werden, gelangen in unser Bewusstsein, und das sorgt für ein sofortiges Verstehen und Begreifen des gesehenen Bildes.

Peripheres Sehen

Die zweite Art von Sehzellen, die *Stäbchen,* sind ziemlich gleichmäßig über die Netzhaut verteilt. Die Stäbchen sind äußerst lichtempfindliche Zellen, sie erkennen Unterschiede zwischen hell und dunkel und können Bewegungen wahrnehmen. Das ist der Grund, warum wir etwas Bewegliches aus den Augenwinkeln heraus beobachten können.

80 % der Sehkraft für peripheres Sehen

Insgesamt befinden sich im menschlichen Auge etwa 260 Millionen Lichtempfänger, die darauf spezialisiert sind, die einfallende Lichtenergie in Nervenimpulse umzusetzen. Nur magere zwanzig Prozent der zentralen Sehkraft sind in Wirklichkeit dem visuellen informationsverarbeitenden System zugeordnet, während die periphere Sehkraft erstaunliche achtzig Prozent ausmacht. So können wir feststellen, dass von 260 Millionen Sehzellen circa 208 Millionen dem peripheren Sehen dienen.

Diese 20/80-Aufteilung ist für uns einerseits überlebenswichtig, denn dadurch kann das Gehirn Bewegungen in unserer Umgebung wahrnehmen und dementsprechend angemessene Reaktionen veranlassen. Andererseits stehen uns beim herkömmlichen Lesen weniger als zwanzig Prozent der Sehkraft zur Verfügung, um uns auf das scharfe Sehen zu konzentrieren.

Highspeed Reading nutzt das periphere Sehen

Im Highspeed Reading nutzen wir das periphere Stäbchensehen und binden es in den Leseprozess ein. Die Reize, die von der Peripherie der Netzhaut kommen, werden von unserem Unterbewusstsein registriert und verarbeitet. Peripheres Sehen umgeht das Bewusstsein und transportiert eine unglaubliche Menge von Daten in die Tiefe unseres Unterbewusstseins.

Die unerschöpflichen Kapazitäten unseres Gehirns

Dessen Kapazitäten der Informationsverarbeitung scheinen unerschöpflich, und Grenzen können bisher nur mathematisch ausgelotet werden. Bedenken wir, dass etwa 95 Prozent der Gehirnmasse unserem Unterbewusstsein zuzuordnen sind, bekommen wir einen ersten Eindruck von der Fülle der Sinnesreize, die buchstäblich in Bruchteilen von Sekunden in unserem Gehirn verarbeitet werden müssen.

Unbewusste und bewusste Informationsverarbeitung

Schon allein durch die optische Wahrnehmung werden pro Sekunde mindestens zehn Millionen Bit in Form von elektrochemischen Impulsen ans Gehirn gesendet. Von dieser gigantischen Informationsfülle werden nur maximal vierzig Bit dem menschlichen Bewusstsein zugänglich. Die restlichen 9 999 960 Bit verschwinden in den Tiefen des Unterbewusstseins, werden dort gesichtet, mit vorhandenen Informationen (Erfahrungen) verknüpft und sichern Ihnen Ihre Existenz. Somit ist das menschliche Gehirn permanent damit beschäftigt, aus der Vielzahl der auf uns einwirkenden Sinnesreize Informationen zu filtern, Wesentliches von Unwesentlichem zu unterscheiden, das bewusste Erleben mit maximal vierzig Bit pro Sekunde zu konstruieren und uns kontinuierlich zur Verfügung zu stellen.

Wir sehen mehr, als wir meinen

Viele Menschen glauben nur das, was sie sehen, das heißt, sie meinen, nur das, was in ihr Bewusstsein gelangt ist, auch tatsächlich gesehen zu haben. Faktisch nehmen wir aber permanent eine gigantische Menge von visuellen Sinnesreizen auf. In einem komplizierten Prozess entscheidet jeder Einzelne für sich, welche Informationen in sein Bewusstsein gelangen dürfen und welche Informationen unterdrückt werden. Gesteuert wird dieser Prozess unter anderem auch durch Neugier, Interesse und persönliche Neigungen.

Alle Sinnesreize werden subliminal verarbeitet

Doch unsere Augen übertragen das gesamte wahrgenommene Bild an das Gehirn. Obwohl es durchaus möglich ist, sich der peripheren Wahrnehmung bewusst zu werden, verschwinden periphere Informationen im Allgemeinen in unserem Unbewussten. Alles, was Ihre Augen erblicken, ob Sie es wollen oder nicht, wird in Ihrem Geist subliminal verarbeitet. Unterbrochen werden kann der Sehvorgang nur durch den Lidschluss.

Übung

Ich lade Sie jetzt zu einer Übung ein, mit der Sie sich der peripheren Wahrnehmung bewusst werden. Suchen Sie sich auf dieser Seite ein Wort aus und lesen Sie einige Sekunden nur dieses eine Wort. Verschieben Sie nun Ihre innere Wahrnehmung. Zählen Sie namentlich im Geist all die Dinge auf, die Sie noch in Ihrem Umfeld bemerken. Sie werden dabei beobachten, dass Sie unterschwellig weit mehr von Ihrer Umwelt aufnehmen, als Ihnen normalerweise bewusst ist. In Ihr Bewusstsein lassen Sie nur die Dinge, auf die Ihr Interesse gerichtet ist.

Unterschwellige Sinnesreize

Auch auf anderen Gebieten der Wahrnehmung spielen unterschwellige Sinnesreize eine große Rolle. Versuche haben gezeigt, dass unsere Nasenschleimhäute in der Lage sind, ein einzelnes Duftmolekül wahrzunehmen. Schon dieses eine Duftmolekül kann unbewusst unser Verhalten nachhaltig beeinflussen. Das Gehirn wird Tag und Nacht mit den unterschiedlichsten Sinneseindrücken konfrontiert, die unterhalb unserer Wahrnehmungsschwelle verarbeitet werden.

Subliminales Lernen

Dass unterschwellige Lernvorgänge von erstaunlicher Wirksamkeit sind, wurde schon vor langer Zeit entdeckt. Schon Anfang des zwanzigsten Jahrhunderts beschrieben Forscher die Wirksamkeit von subliminalem Lernen. 1914 berichtete *L. L. Thurstone*, dass Matrosen, die im Schlaf das Morsealphabet lernten, dieses drei Wochen früher beherrschten als Matrosen, die auf althergebrachte Weise lernten.

Das pötzelsche Phänomen

Interessant sind auch die wissenschaftlichen Untersuchungen des Neurologen *Otto Pötzel,* der schon 1917 in mehreren Versuchen nachgewiesen hat, dass Menschen subliminale Eindrücke, denen sie im Wachzustand ausgesetzt waren, im Traum als Bild wiedererkennen. Im Wachzustand wird einer Testperson für den Bruchteil einer Sekunde ein Bild gezeigt, so dass sie es mit dem Bewusstsein nicht erfassen kann. Im Wachzustand bleibt ihr das Bild verborgen, doch im Traum taucht das Bild wieder auf. Das so genannte *pötzelsche Phänomen* ist experimentell immer wieder bestätigt worden. Im Zuge dieser Experimente wurde sogar festgestellt, dass auch in Tagträumen, freien Assoziationen und freien Bildgestaltungen subliminal aufgenommene Bilder der Erinnerung zugänglich werden. Das pötzelsche Phänomen ist das erste Beispiel für subliminale Wahrnehmung, das mittels moderner Methoden untersucht und nachgewiesen wurde.

Die kommerzielle Nutzung von subliminalen Botschaften

Das Phänomen der unterschwelligen Wahrnehmung wurde besonders in den Sechzigerjahren weiter erforscht. Gezeigt werden konnte nicht nur, dass der größte Teil der Informationen, die der Mensch visuell aufnimmt, unbewusst erfasst wird, sondern auch, dass die Informationen, die sein Verhalten nachweislich beeinflussen, sein Bewusstsein nicht erreichen. Bekannt ist in diesem Zusammenhang ein ethisch sicherlich fragwürdiger Vorgang, der uns allerdings recht deutlich aufzeigt, welche Bedeutung der subliminalen Stimulation zukommt. Schon 1957 propagierte die Firma *Precon Process and Equipment Corporation* in New Orleans, USA, die Möglichkeit, unterschwellige Botschaften in Werbespots und Filmen zu platzieren. Botschaften, die nur für einen Bruchteil einer Sekunde eingeblendet werden und dadurch für den Betrachter in seiner bewussten Wahrnehmung verborgen bleiben, allerdings unbewusst ihre Wirkung entfalten. Die gleiche Idee der kommerziellen Nutzung von subliminalen Botschaften hatte auch die Firma *Subliminal Projection Company*. Die Fernsehanstalten in den USA begannen nun Werbezeit für unterschwellige Beeinflussung zu verkaufen. Die amerikanische Öffentlichkeit reagierte auf diese Form der Werbung sehr heftig. Denn nun gab es eine Methode, Menschen durch unbewusste Informationen bis zu einem gewissen Grad zu beeinflussen, ohne ihnen die Möglichkeit der bewussten Entscheidung einzuräumen. Aufgrund dieser Manipulationsmöglichkeiten forderten weite Kreise der Öffentlichkeit ein Verbot subliminaler Werbung. Die allgemeine Aufregung legte sich bald wieder und das Verbot wurde nie wirklich durchgesetzt. Unterschwellige Werbung ist bis heute ein Milliardengeschäft.

Die Grundlagen von Mental Reading

Auch im Mental Reading bedienen wir uns – allerdings mit einer positiven Absicht – starker Stimuli, die ohne bewusst zu werden unser Unterbewusstsein erreichen. Dem Gehirn werden Informationen in so hoher Geschwindigkeit dargeboten, dass eine bewusste Verarbeitung unmöglich ist und die Informationen unterhalb der Wahrnehmungsschwelle in das Unterbewusste eingeschleust werden. Die *hohe Aufnahmegeschwindigkeit* und der *periphere Blick* bilden eine der wichtigsten Grundlagen für das mentale Lesen. Wichtig festzuhalten ist hierbei, dass peripheres Sehen jedem gesunden Menschen möglich ist und zum Allgemeingut der Menschheit zählt.

Überbetonung des rationalen Denkens

Es häufen sich die Berichte, wonach der so genannte *weiche Blick* mit einer Vielzahl von alten Traditionen in Verbindung zu stehen scheint. Einsichten der Mystiker aus Ost und West, zum Teil seit Jahrtausenden überliefert, gewinnen in unserem Zeitalter zunehmend an

Bedeutung. Dem gegenüber steht die Tendenz zur Überbetonung des rationalen Denkens in unserer Gesellschaft, die uns mehr und mehr vom Wesen der Dinge entfernt und zu einer einseitigen, mechanisierten Betrachtungsweise der Welt geführt hat. So werden auch Ihnen Menschen begegnen, die den Kontakt zu ihren natürlichen Anlagen verloren haben.

Vorurteile gegenüber mentalem Lesen

Wir treffen manchmal Menschen, die erklären, dass Mental Reading nicht wirklich funktionieren kann. Meist sind es diejenigen, die ihre Meinungen mehr aus Funk, Fernsehen und fragwürdigen Illustrierten gewinnen denn aus eigener Erfahrung und Anschauung. Bemerkenswert ist auch die geringe Toleranzschwelle gegenüber anderen Ansichten und Meinungen ihrer Mitmenschen.

Neues setzt sich nur langsam durch

Lassen Sie sich durch diese Vorurteile nicht davon abhalten, Ihre eigenen Erfahrungen zu machen. Es kann bekanntlich sehr viele Jahre dauern, bis sich etwas Neues allgemein durchsetzt. Schätzungen von Experten besagen, dass rund hundert Jahre vergehen, bis auch der Letzte begriffen hat, dass sich etwas geändert hat. Das meinte vielleicht *Max Planck,* als er sagte, dass neue Erkenntnisse sich nicht etwa deshalb durchsetzten, weil die Menschen und besonders die Wissenschaftler einen offenen Geist hätten. Vielmehr setze sich eine neue Meinung durch, weil die Gegner derselben aussterben.

Vorbereitungen für mentales Lesen

Um mental Textmaterial in unser Unterbewusstsein einzulesen genügen minimale Vorbereitungen. Was wir brauchen, sind

- eine offene Einstellung,
- die Möglichkeit uns von äußeren Einflüssen zu lösen und
- eine konzentrierte Wahrnehmung.

Die bisherigen Schritte

Stimmen Sie sich mit einer präzise formulierten *Absicht* auf das Lesen ein. Erweitern Sie Ihre Wahrnehmung und festigen Sie Ihre Aufmerksamkeit, indem Sie die *Zaubertechnik* benutzen. Anschließend verschaffen Sie sich eine *Übersicht* über das zu lesende Material. Sie haben nun eine erste Ahnung von dem Lesestoff. Sie wissen, um was es geht und ob Ihnen das Material behilflich sein kann, Ihre Absichten und Ziele zu erreichen. Entscheiden Sie jetzt, ob der Lesestoff Ihre Erwartungen erfüllt oder jede weitere Beschäftigung mit dem Material Ihre Zeit verschwendet.

Kritischer Umgang mit Lesestoff

Es ist gut, wenn Sie sich kritisch mit angebotenen Informationen auseinander setzen. In der heutigen schnelllebigen Zeit können Erkenntnisse schon wieder überholt sein, bevor Sie sich überhaupt etabliert haben. Möglicherweise legen Ihnen Autoren auch Gedanken dar, mit denen Sie aufgrund Ihrer Lebenseinstellung, Ihres Wissenstandes usw. nicht konform gehen können. Das alles können Gründe sein, um von der Beschäftigung mit dem Lesematerial, seien es Bücher, Zeitungen, Fachartikel etc., abzusehen.

Die Leseabsicht sollte Ihnen stets vor Augen stehen

Es ist von enormer Wichtigkeit, nach einem Überblick innezuhalten und eine Entscheidung für Ihr weiteres Vorgehen zu treffen. Ihr Zeitgewinn kann enorm sein, wenn Sie sich entscheiden, ein Buch nicht zu lesen. Bevor Sie mit dem mentalen Lesen beginnen, machen Sie sich noch einmal Ihre Leseabsicht bewusst. So ziehen Sie den größtmöglichen Nutzen aus dem mentalen Lesen und geben Ihrem Unterbewusstsein eine Richtung vor. Positive, motivierende Bekräftigungen bündeln Ihre Aufmerksamkeit auf das zu erreichende Ziel und leiten Ihre innere Wahrnehmung.

In unseren Seminaren haben sich folgende Affirmationen für die Teilnehmerinnen und Teilnehmer bewährt:

Affirmationen zur Steigerung der Aufmerksamkeit

- *Kraftvoll nehme ich die Informationen aus diesem Buch (nennen Sie Autor und Titel) auf und schleuse Sie in mein inneres Bewusstsein.*
- *Die Information aus diesem Buch (Autor, Titel) helfen mir mein Ziel (benennen Sie Ihr Ziel) zu erreichen.*

Am Anfang Ihrer Highspeed-Reading-Karriere ist es von Vorteil die Affirmationen laut und hörbar aufzusagen. Nach ein wenig Übung reicht es aus, wenn Sie sie im Geist formulieren.

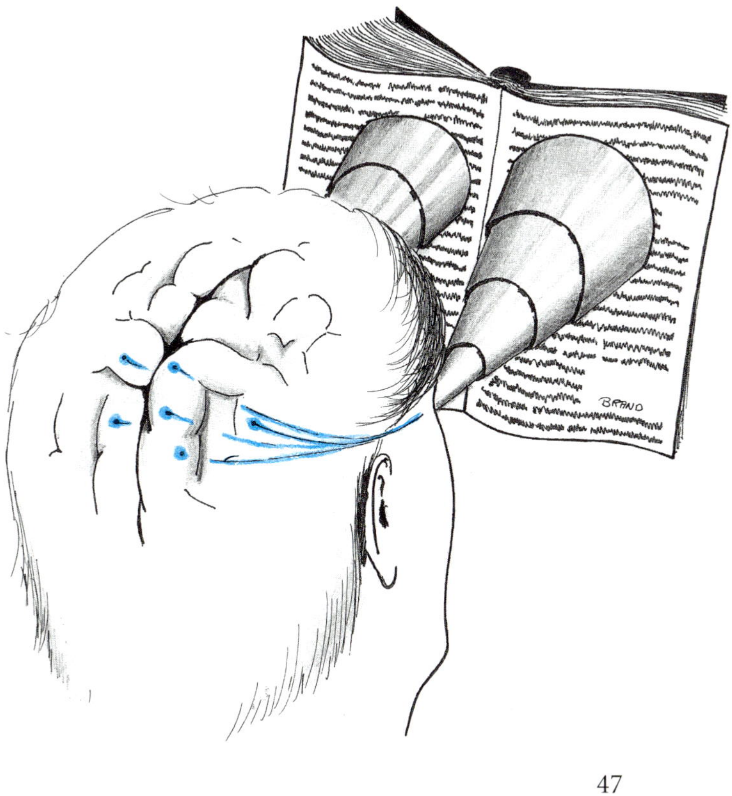

Los gehts!

Bringen Sie sich jetzt mit der Zaubertechnik in einen erweiterten Bewusstseinszustand. Entspannen Sie Ihren Körper, spüren Sie die bleibende Verbindung zwischen Augen und Geist. Bemerken Sie, wie sich Ihr Sehfeld erweitert und Ihre innere Aufmerksamkeit sich erhöht. Die Zaubertechnik unterstützt die Fähigkeiten unserer Augen enorm und ermöglicht uns, mühelos unbewusst mehr Informationen aufzunehmen. Unsere rechte Gehirnhälfte wird von der Zaubertechnik geöffnet und bringt uns in Kontakt mit unserem Unterbewussten. Formulieren Sie noch einmal Ihre Absicht, öffnen Sie mit der Zaubertechnik den Zugang zu Ihren geistigen Ressourcen und Sie sind bereit für Mental Reading.

Benutzen Sie zu Übungszwecken dieses Buch

Zum Üben benutzen Sie bitte dieses Buch. Ich empfehle Ihnen das Buch in einem Winkel von 45° auf dem Tisch zu platzieren (legen Sie einfach andere Bücher zur Hälfte unter). Schlagen Sie das Buch an einer beliebigen Stelle auf. Achten Sie darauf, dass beide Buchseiten von oben bis unten beschrieben sind (also Seiten ohne Bilder). Affirmieren Sie Ihre Absicht, erhöhen Sie Ihre Wahrnehmung mit der Zaubertechnik und schauen Sie genau auf die Mitte des Buches, dort, wo es gebunden ist. Richten Sie Ihre Aufmerksamkeit und Ihr Sehen auf die weißen Flächen des Buches. Schauen Sie also nicht direkt auf die Buchstaben, sondern auf die weißen Flächen um die Buchstaben herum. Peripheres Sehen wird von der rechten Gehirnhälfte, dem Sitz unseres Unterbewusstseins, unterstützt. Sobald Sie Ihren Blick jedoch auf einzelne Wörter oder Bilder fokussieren, beteiligen Sie Ihre linke Hemisphäre und bringen rationale Erwägungen in den Leseprozess.

Lesen im peripheren Modus

Nun erweitern Sie Ihr Sehfeld so, dass Sie alle vier Ecken des Buches in Ihrem Blickfeld haben. Jetzt sind Sie im peripheren Modus und bereit, Informationen unter Umgehung des bewussten Verstehens in Ihr Unterbewusstsein aufzunehmen. Blättern Sie die einzelnen Seiten um, nehmen Sie sich pro Seite ein bis zwei Sekunden Zeit dafür. Schauen Sie, während Sie umblättern, nur auf die Mitte des Buches. Richten Sie Ihre Wahrnehmung weiterhin auf die weiße Fläche und die vier Ecken des Buches.

Finden Sie einen gleichmäßigen Rhythmus

Finden Sie einen eigenen Rhythmus. Ein gleichmäßiger Zustand ist bestens dafür geeignet, Ihren Geist entspannt und offen zu halten. Sprechen Sie in einem gleichmäßigen Ton unsere spezielle Mental-Reading-Affirmation. Sie lautet:

4-3-2-1 ich lese, 4-3-2-1 ich nehme auf,
4-3-2-1 ich lese, 4-3-2-1 ich nehme auf.

Diese Formel wird Sie hervorragend dabei unterstützen, während des Lesens zentriert zu bleiben.

Gehen Sie unverkrampft und spielerisch mit der neuen Wahrnehmung um

Bleiben Sie auch im Fluss, wenn Sie aus Versehen mehrere Seiten auf einmal umschlagen. Machen Sie Ihre Augen weicher und lächeln Sie während des Lesens. Spielen Sie mit Ihrer Wahrnehmung, wechseln Sie nach einiger Zeit ruhig auch einmal vom peripheren Sehen zum scharfen Fokussieren der Buchstaben, erweitern Sie dann wieder Ihr Sehfeld und lesen Sie im peripheren Modus weiter. Denken Sie daran, einen gleichförmigen Leseprozess aufrechtzuerhalten, und wiederholen Sie immer wieder die Mental-Reading-Affirmation (4-3-2-1 ich lese, 4-3-2-1 ich nehme auf ...). Zu Übungszwecken ist es durchaus sinnvoll, einmal die Perspektive zu wechseln und die gemachten Erfahrungen zu reflektieren.

Bleiben Sie locker!

Sollte Ihr Verstand permanent abschweifen, legen Sie das Buch einfach beiseite. Unsere gewohnte und tief verwurzelte Art des Lesens inspiriert uns wenig dazu, spielerisch Neues auszuprobieren und zuzulassen. Unser Bewusstsein hat oft die Tendenz, in alten Zuständen zu verharren und das Bekannte dem Neuen vorzuziehen. Vielleicht tauchen auch bei Ihnen Sätze auf wie: „Das kann doch gar nicht funktionieren!“ oder „Wie soll das denn gehen?“. Das kann in der Anfangszeit passieren.

Erfahrungen sammeln

Sammeln Sie Ihre Erfahrungen, und vertrauen Sie der Genialität Ihres Unterbewussten. Denken Sie daran, alles, was Ihre Augen erblicken, wird in Ihrem Gehirn gespeichert, auch wenn Sie sich dessen nicht bewusst sind. Ein physiologischer Vorgang, den wir mit unserem bewussten Willen weder beeinflussen noch unterbrechen können. Verhindert wird der Sehvorgang nur durch den Lidschluss.

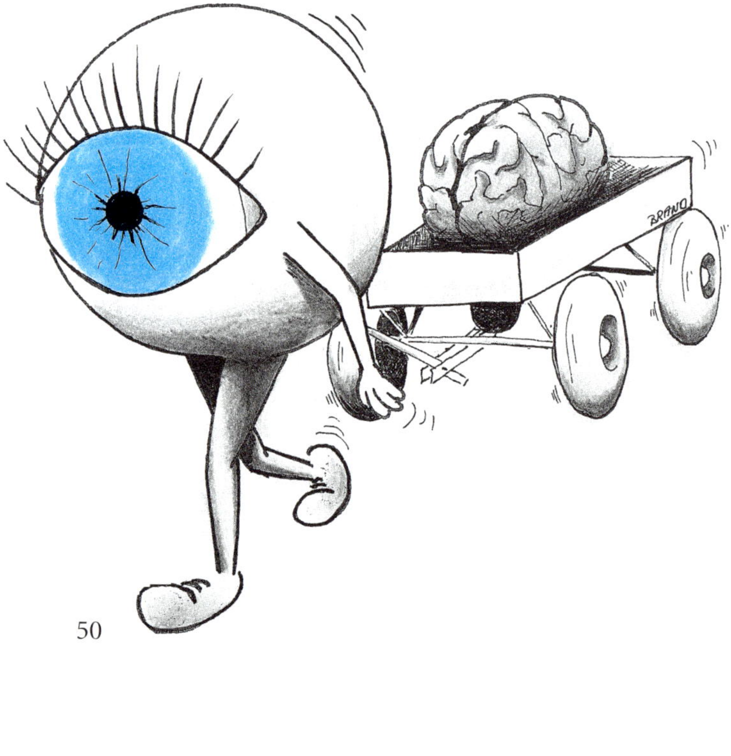

Loslassen können

Wenn Sie also zu Beginn den Eindruck haben, dass es nicht so funktioniert, wie Sie es sich wünschen, lassen Sie einfach los, gehen Sie an die frische Luft oder beginnen Sie einfach eine andere inspirierende Tätigkeit. Lenken Sie sich ab, und lassen Sie etwas Zeit vergehen, bevor Sie dieses Buch wieder zur Hand nehmen. Mentales Lesen fällt Ihnen dann viel leichter und Sie werden viele interessante Erfahrungen mit dem neuen Lesesystem sammeln.

Verknüpfung von Wissen

Alles, was Sie mental eingelesen haben, wird sofort von Ihrem Unterbewusstsein verarbeitet. Die Informationen werden begutachtet, kategorisiert und mit Ihrem bisherigen Wissensnetz verknüpft. Aus diesem Zustand heraus drängen die Gedanken in Ihr Bewusstsein und Sie erleben die so genannten Aha-Effekte.

Aus zeitgenössischen Berichten wissen wir, dass viele Genies mit ihrer Fantasie spielten und in Visionen oder imaginären Zuständen zu ihren Erkenntnissen kamen. Die logische und wissenschaftlich korrekte These folgte erst im Nachhinein. Mit Mental Reading forcieren Sie den Prozess der unbewussten Informationsverarbeitung, erstaunliche Resultate werden dadurch möglich.

Affirmationen nach dem mentalen Lesen

Geeignete Affirmationen unterstützen dabei unseren Geist, die ihm vorgegebenen Ziele zu erreichen. Sie bereiten außerdem Ihr Unterbewusstes auf die anschließende Aktivierung vor, und die für Sie wichtigen Informationen dringen leichter in Ihr Bewusstsein. Affirmationen, die unseren Geist nach dem mentalen Leseprozess bei der unbewussten Verarbeitung des Materials positiv beeinflussen, sind:

- *Alle Informationen, die ich aus diesem Buch (nennen Sie den Titel) erhalten habe, sind in meinem Unterbewussten gespeichert und stehen mir zur Verfügung.*

- *Es ist interessant für mich zu bemerken, auf welche Art und Weise mir die Informationen aus diesem Buch (nennen Sie den Titel) von meinem Geist zur Verfügung gestellt werden.*

Sprechen Sie diese Autosuggestionen sofort nach dem mentalen Leseprozess. Ihr Unterbewusstes ist Ihnen dankbar für jegliche Unterstützung. Je positiver Sie Ihre Erwartungen formulieren, umso eindeutiger werden Sie die subtilen Signale Ihres Unterbewussten identifizieren und deuten können.

Auf zum letzten Schritt

Nun erwartet Sie der letzte Schritt des Highspeed-Reading-Systems. Sie haben vor der Übersicht und dem mentalen Lesen jeweils Ihre Absichten und Ziele formuliert. Sie haben mit Ihrer Wahrnehmung gespielt, Ihren Bewusstseinszustand verändert und die Wirkungen der Zaubertechnik schätzen gelernt. Das Lesematerial ist in Ihrem Unterbewusstsein eingespeist und steht Ihnen jetzt zur Aktivierung zur Verfügung. In den nächsten Kapiteln erfahren Sie, wie Sie diese Informationen Ihrem Bewusstsein zugänglich machen und welche Techniken und Strategien Sie zur Erreichung Ihrer Ziele benötigen.

Das Kapitel im Überblick

- **Mentales Lesen beruht auf der Fähigkeit des peripheren Sehens, bei dem Informationen unbewusst wahrgenommen werden.**
- **Vor dem mentalen Lesen sollten Sie Ihre Absicht formuliert, sich eine Übersicht über den Lesestoff verschafft und die Zaubertechnik angewandt haben.**
- **Beim mentalen Lesen richten Sie Ihren Blick auf die Mitte des Buches, dort, wo es gebunden ist, während Sie die Seiten in gleichmäßigem Tempo zügig umblättern.**
- **Nutzen Sie Affirmationen zur Steigerung der Konzentration.**

7. Aktivierung

Die Aktivierung und damit verbundene Stimulierung der durch Mental Reading entstandenen neuronalen Netzwerke in Ihrem Unterbewusstsein ist der letzte Schritt im Highspeed-Reading-System.

Elektrochemische Impulse im Gehirn

Entstanden sind die neuen neuronalen Verbindungen durch die subliminale Aufnahme von Informationen. Durch die unbewusste Wahrnehmung von Text sind im Gehirn eine Vielzahl neuer elektrochemischer Impulse erzeugt worden.

Das Potenzial unseres Gehirns

Eine einzige Gehirnzelle ist in der Lage pro Millisekunde die Signale von zehntausenden Gehirnzellen zu empfangen, auszuwerten und weiterzuleiten. Daraus folgt, dass die zehn Milliarden Neuronen, aus denen das menschliche Gehirn besteht, Verknüpfungsmöglichkeiten von einer Eins gefolgt von 10,5 Millionen Kilometer Nullen haben. Schon eine einzige winzige Zelle also hat Verknüpfungsmöglichkeiten, die unsere Vorstellungen von dem, was der menschliche Geist zu leisten vermag, sprengen.

Wiederholung von Gedanken stimuliert die Erinnerung

Die durch Verknüpfung neu entstandenen Gedankenmuster werden in Nervenbahnen weitergeleitet. Je öfter wir bestimmte Nervenbahnen benutzen, umso leichter fällt uns dieser Gedanke und umso mehr wird das Erinnerungsvermögen stimuliert. Vergleichen wir unsere Gedanken mit einem Zug: Ein Gleis ist gelegt und der darauf fahrende Zug übermittelt von Bahnhof zu Bahnhof elektrisch-chemische Impulse. Interessant für unser

Gehirn wird es, wenn neue Gedanken hinzukommen. Das bedeutet, dass neue Gleise verlegt und mit Weichen neu verbunden werden. Dadurch entstehen vielfältigere Zugverbindungen, das Netzwerk der Schienen wird erweitert und neu miteinander verknüpft. Je häufiger die Strecke genutzt wird und je besser sie ausgebaut ist, desto schneller fahren die Züge. Anders ausgedrückt: Je besser die Nervenbahnen verknüpft sind, umso schneller laufen die Nervenimpulse von einer Gehirnzelle zur anderen.

Ungenutztes Potenzial verkümmert

Wird ein Gedankenmuster häufig wiederholt, bleiben die Verbindungen stabil. Dagegen verkümmert eine Nervenbahn, die kaum oder wenig genutzt wird. Das Gleis fängt an zu rosten, erst wachsen Gras und Kräuter, später ist die Schiene unbegehbar und von der Vegetation überwuchert. Wir nennen diesen Vorgang „Vergessen".

Unsere geistigen „Muskeln" trainieren

Doch auch der umgekehrte Weg ist möglich. Herrscht auf den Gleisen reger Verkehr, fahren regelmäßig die verschiedensten Züge, bleibt die Verbindung stabil und steht uns lebenslang zur Verfügung. Je mehr Gleise wir schaffen und je schneller wir unsere Fahrpläne aktualisieren, umso leistungsfähiger, klarer und schneller können wir denken.

Lebenslanges Lernen

In Zukunft wird der im Vorteil sein, der einen regen Schienenverkehr in seinem Kopf hat und Lernen als einen lebenslangen Prozess der persönlichen Weiterentwicklung betrachtet. Highspeed Reading ist eine hervorragende Methode, um Sie effizient und progressiv beim lebenslangen Lernen zu unterstützen. Aktives und effektives Lesen ist der Schlüssel zur modernen Wissensvermittlung der Zukunft.

Aktivierung mittels intelligenter Strategien

Die Aktivierungstechniken im Highspeed-Reading-System unterscheiden sich grundlegend von den üblichen

Versuchen sich an Gelesenes erinnern zu wollen. Sich mit Hilfe des kritisch-logischen Verstandes zu erinnern, ähnelt der Vorgehensweise mit einer Brechstange. Im Highspeed Reading bedienen wir uns intelligenter Strategien und lassen das Verständnis für das Lesematerial sanft in unser bewusstes Denken eindringen.

Absichtslose Aktivierung

Eine der interessantesten Aktivierungsmöglichkeiten, die sich unerwartet ergeben kann, ist die *absichtslose Aktivierung*. Sie kann weder bewusst hervorgerufen noch beeinflusst werden. Diese Art der Bewusstwerdung von Lesestoff erreicht Sie eher wie ein *spontaner Einfall* oder ein *kreativer Kick*. Frühere Erfahrungen werden dabei mit den neuen Stimulierungen verbunden und stehen uns, ausgelöst durch bestimmte Situationen, blitzartig als neue Erkenntnisse klar vor Augen. Solche absichtslosen Aktivierungen sind wunderbare Erlebnisse, die unser Vertrauen in die Highspeed-Reading-Technik immer wieder wachsen lassen.

Zielgerichtete Aktivierung

Eine weitere Art der Aktivierung bezeichnen wir als *zielgerichtete Aktivierung*. Das mit dem Lesen verbundene Ziel wird durch eine zielgerichtete Aktivierung in kürzester Zeit erreicht. Lesematerial aus unserem Unterbewussten können wir auf verschiedene Weise in unser Bewusstsein eintreten lassen. Denn alle menschlichen Sinne sind geeignet Wissen transparent zu machen.

Die häufigste zielgerichtete Bewusstwerdung von Lesematerial erfolgt auf *visuellem* Weg. Kinästhetische sowie auditive oder auch gustatorische Methoden bieten einen weiteren Rahmen, um das Gehirn zu stimulieren und gewünschte Informationen bewusst zu machen.

Vor der Aktivierung eine kreative Pause

Zielgerichtetes Aktivieren beginnt zunächst einmal mit Nichtstun. In einer kreativen Pause bieten wir unserem Geist die Gelegenheit, sich mit dem gelesenen Material zu beschäftigen. Eine Wartezeit von zehn Minuten oder, wenn Sie es sich leisten können, von 24 Stunden zwischen dem Mental Reading und der Bewusstwerdung des Materials zeigt die besten Resultate im Hinblick auf eine zielgerichtete Aktivierung.

Im Schlaf arbeitet der Geist

Besonders eine nächtliche Schlafphase unterstützt die subliminale Sichtung und Einbindung Ihrer momentanen Gedanken in ein Netzwerk bereits bestehenden Wissens. Im Schlaf arbeitet unser Geist weiter für uns. In unseren Träumen finden wir Lösungen für aktuelle Probleme, haben kreative Einfälle und können die Dinge aus neuen Perspektiven betrachten. Eine längere Wartezeit fördert auch eine spielerische Einstellung und hält unseren Geist offen. Sie ersparen sich Enttäuschungen und eine verkrampfte Arbeitsweise.

Neigung zur Perfektion

Häufig sind wir geneigt, alles auf einmal wissen zu wollen. Perfektion ist das Leitwort in unseren Gedanken. Perfekt sein zu wollen, alles auswendig zu können, Daten und Fakten auf Kommando herzubeten, lässt uns unnötigerweise die Defizite zwischen Ist und Soll schmerzhaft spüren. Wir neigen dazu, unsere Aufmerksamkeit permanent auf das zu lenken, was uns noch fehlt, fühlen uns dadurch nicht okay und forcieren unsere Anstrengungen. Viel klüger ist es, stolz auf das zu sein, was man schon hat bzw. kann. Darauf lässt sich aufbauen. Nichts auf dieser Welt ist perfekt. Selbst die Natur, als größter Baumeister aller Zeiten, bessert ständig nach und korrigiert sich immer wieder selbst.

Eine spielerische Einstellung, Offenheit, Neugierde, freudige Erwartung sind am besten geeignet, um den maximalen Nutzen aus beschleunigten Lernverfahren zu ziehen. Machen Sie sich diese Eigenschaften zu Eigen. Sie forcieren dadurch Ihre persönliche Entwicklung und schöpfen Ihr geistiges Potenzial viel mehr aus.

Zielgerichtete Aktivierung

Fragen stellen

Zielgerichtete Aktivierung beginnt damit, sich Fragen zu stellen. Mit diesen Fragen öffnen Sie den Speicher Ihres Unterbewusstseins und bringen sich selbst in einen Zustand entspannter Neugier.

Fragen Sie sich:

- Was ist für mich von Bedeutung in diesem Buch, in dieser Zeitschrift, in diesem Artikel?
- Was muss ich wissen, um gut vorbereitet den nächsten Test zu schreiben ..., um eine gute Ausarbeitung abzuliefern ..., um bei der nächsten Sitzung einen bedeutungsvollen Beitrag anzubringen?

Erwarten Sie bitte nicht *sofort* eine Antwort aus Ihrem inneren Bewusstsein. Mit Fragen orientieren Sie zunächst einmal Ihr Unterbewusstes auf eine zielgerichtete Arbeitsweise. Sie schaffen sich selbst noch einmal Klarheit über Ihre wesentlichen Erwartungen an den Inhalt des Textes und produzieren in sich eine gelassene Neugier.

Vertrauen Sie Ihrer Intuition

Je mehr Sie sich auf die intuitiven Signale in Ihnen einlassen, umso faszinierender und prägnanter werden Ihre Resultate sein. Vertrauen Sie Ihrem inneren Gespür, es wird Sie mit Sicherheit zu den relevanten Stellen im Text führen.

Text einscannen

Um Antworten auf Ihre Fragen zu erhalten, „scannen“ Sie den Text nun schnell durch. Überfliegen Sie wie ein Scanner jede Seite von oben nach unten. Schlagen Sie zuerst die Stellen im Text auf, zu denen Sie sich in irgendeiner Weise hingezogen fühlen. Folgen Sie einfach Ihrem Gefühl. Ihre Ahnungen und Ihr Gespür leiten Sie zu den für Sie wichtigen Stellen.

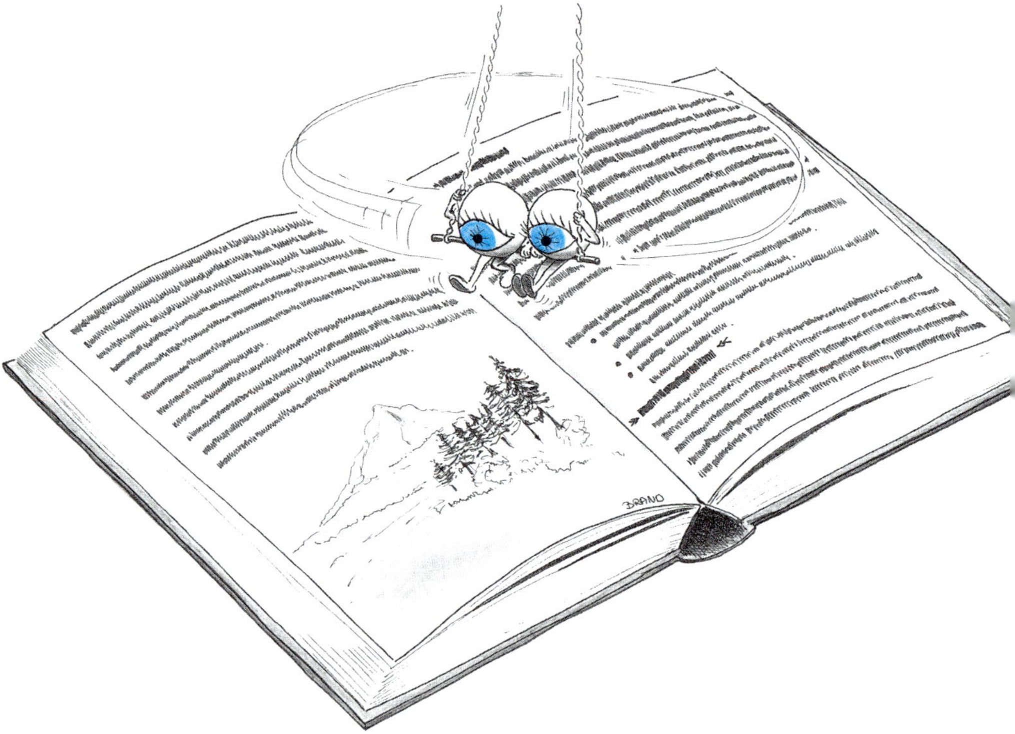

Interessante Stellen langsamer lesen

Scannen Sie den Abschnitt, den Sie ausgesucht haben, indem Sie Ihre Augen schnell über die Mitte der Seite gleiten lassen. Tauchen Sie etwas tiefer in besonders interessante Stellen ein, gehen Sie auf die konventionelle Lesegeschwindigkeit herunter und lesen Sie zwei bis drei Sätze, bis Sie das Gefühl haben, dass Sie die Textstellen gefunden haben, die Ihre Absichten erfüllen. Anschließend lösen Sie sich von der Information und scannen den Text einfach weiter.

Ihr Unterbewusstsein führt Sie zum Ziel

Ihrem Gehirn ist der Text durch Mental Reading bereits vertraut. Sie haben ihn komplett aufgenommen und unbewusst verarbeitet. Sie bekommen von Ihrem inneren Bewusstsein Signale, die Sie leiten werden. Nehmen Sie diese Signale wahr, vertrauen Sie sich selbst und lassen Sie sich von Ihrem Geist führen. Sie werden erstaunt sein, wie zielstrebig Ihr Unterbewusstsein daran arbeitet, Ihre Absichten zu erfüllen.

Eine Metapher für Eintauchen und Scannen

Benutzen wir zum besseren Verständnis von Eintauchen und Scannen folgende Methapher: Stellen Sie sich vor, Sie finden in Ihrem Briefkasten eine Einladung zu einem Bankett. Sie kleiden sich festlich in Smoking oder Abendkleid und sind pünktlich am Veranstaltungsort. Innerlich sind Sie vielleicht etwas aufgeregt, immerhin treffen Sie dort wichtige Persönlichkeiten aus Politik und Wirtschaft.

Das Büfett ist eröffnet

Zu vorgerückter Stunde folgt der angenehmste Teil des Abends, das Büfett wird eröffnet. Aufgebaut auf einer langen Tafel reihen sich die kulinarischen Köstlichkeiten dieser Welt. Mit dem Teller in der Hand betrachten Sie das Büfett und sondieren das Angebot. Sie entdecken, wo was steht, ob es gut aussieht und geschmackvoll angerichtet ist.

Lassen Sie sich von Ihrem Unterbewusstsein leiten

Nun beginnen Sie an der Tafel entlangzugehen. Geleitet von Ihrem Appetit (Ihrem Unterbewussten) füllen Sie Ihren Teller mit erlesenen Köstlichkeiten. Zwei Scheiben von dem, ein Löffelchen von diesem, zwei Häppchen von jenem. Sie tauchen ein und lassen sich nur von Ihrem Appetit leiten.

Weniger schmackhafte Speisen übersehen Sie höflich. Ihre Aufmerksamkeit ist ganz darauf konzentriert, was Sie wirklich möchten. Vielleicht stellen Sie am Ende der

Tafel fest, dass Ihnen noch irgendetwas fehlt. Falls auf Ihrem Teller noch Platz ist, gehen Sie also zurück und nehmen sich das Gewünschte.

Eintauchen und zügig weitergehen

Das ist eine schöne Geschichte, um Ihnen Scannen und Eintauchen nahe zu bringen. Scannen Sie mit Ihren Augen die Seite ab, an interessanten Stellen tauchen Sie ein und verweilen einige Augenblicke. Gehen Sie dann zügig weiter.

Nicht alles auf einmal verstehen wollen

Vermeiden Sie es sich festzulesen. Alles auf einmal verstehen zu wollen ist das größte Hemmnis für die Aktivierung. Verabschieden Sie sich von dem Dogma aus der Grundschulzeit, das uns sagt: Vergiss nichts! Merk dir das! Hast du auch alles verstanden? Interessante Stellen können Sie zu Beginn des Trainings mit dem Highspeed-Reading-System dazu verleiten, sich festzulesen. Die jahrelangen Anwendungen eines alten Lesesystems, das unserer inneren Natur widerspricht, tut sein Übriges dazu. Dieses Grundschullesesystem erzeugt in Ihnen ein schlechtes Gefühl, wenn Sie nicht sofort alles verstehen und behalten.

Leseexperten sind der Meinung, dass die wesentlichen Inhalte eines Buches nur etwa zehn bis zwanzig Prozent seines Gesamtinhaltes ausmachen. Alles andere sind Füllmaterial und Verbindungsworte, die die Inhalte und Informationen stützen und transparent machen.

Sich immer wieder der Leseabsicht erinnern

Es kann faszinierend sein, die Ecksteine des Lebens von Albert Einstein herauszulesen. Wenn es allerdings Ihr Ziel war, die Formel seiner Relativitätstheorie nachzuschlagen, lesen Sie wenig zielgerichtet und verlieren viel Zeit. Erinnern Sie sich Ihrer Absicht, lösen Sie sich von Ihrer konventionellen Lesegeschwindigkeit und scannen Sie weiter.

BRAND

Step by step zum Kern vordringen

Gerade bei Fachliteratur bringen Überschriften, Merksätze, kursiv Gedrucktes sowie Zusammenfassungen des Autors die wesentlichen Inhalte des Buches ans Tageslicht. Im Highspeed-Reading-System gehen Sie an das Lesematerial so heran, als würden Sie eine Zwiebel schälen. Schicht für Schicht schälen Sie das Buch, dringen zum Kern vor und erhöhen stufenweise Ihr Verständnis.

Bleiben Sie beim Lesen aktiv!

Führen Sie einen angeregten Dialog mit dem Autor, stellen Sie Fragen, bleiben Sie aktiv, scannen und tauchen Sie ein, Ihr Unterbewusstes wird Sie zu den richtigen Stellen führen. Auch wenn Ihnen manchmal der Abschnitt für Ihre Zwecke ungeeignet erscheint, überfliegen Sie ihn. Oft fügt sich das Verständnis-Puzzle erst nach Stunden oder Tagen zusammen. Darin offenbart sich die unendliche Weisheit unseres Unbewussten.

Aktivierung durch praktische Anwendung

Dem Unterbewusstsein stehen viele verschiedene Kanäle offen, sich uns mitzuteilen. Wir erkennen seine innewohnende Weisheit an subtilen Signalen, Ahnungen, Stimmungen und an Gefühlen, die uns lenken und leiten. Eine faszinierende Art, Erkenntnisse aus dem Mental-Reading-Prozess erlebbar zu machen, bietet die Aktivierung über die *praktische Anwendung*.

Bücher, Zeitungen, Zeitschriften sowie Artikel mit kinästhetischer Thematik lassen sich am besten über die praktische Anwendung aktivieren. Wenn Sie beispielsweise ein Buch über Yoga mit dem Highspeed-Reading-System lesen, aktivieren Sie ganz einfach das Material, indem Sie Yoga üben. Entsprechendes gilt für alle Texte, die manuelle Fähigkeiten und Fertigkeiten beschreiben.

Denn Sinn und Zweck solcher Fachliteratur ist in der Regel mehr die Anwendung der Inhalte als das theoretische Verständnis. Solides handwerkliches Geschick, ein feines künstlerisches Gespür, hohe sportliche Leistungen, rhetorische Fähigkeiten etc. eröffnen sich für den Einzelnen in der Praxis. Gleichzeitig ist die praktische Umsetzung die beste Aktivierungstechnik für solche Bücher. Die Anwendungsbreite einer manuellen oder körperlichen Aktivierung von Lesematerial ist sehr groß.

Anwendung der Inhalte bei Fachliteratur

So empfiehlt es sich zum Beispiel, ein Benutzerhandbuch für Ihren neuen Computer 24 Stunden bevor Sie den Computer anschließen, mental zu lesen. Während Sie schlafen, bindet Ihr Unterbewusstsein die Textinformation in Ihr gigantisches Wissensnetz ein und findet Wege und Möglichkeiten Ihnen den Umgang mit dem Computer zu erleichtern.

Beispiel Computerliteratur

Sprachen lernen

Erhöhte Lerngeschwindigkeit

Unterstützend zum Erlernen einer Sprache empfiehlt es sich, ein Fremdsprachenwörterbuch begleitend über mehrere Wochen jeden Abend mental zu lesen. Es erhöht Ihr Verständnis der Fremdsprache deutlich und beschleunigt das Erlernen und Behalten des jeweiligen Vokabulars. Teilnehmer von Highspeed-Reading-Seminaren berichteten uns von *zwei- bis dreimal erhöhten Lerngeschwindigkeiten* bei einem bedeutend tieferen Verständnis der Sprache.

Wortschatzerweiterung

Wörterbücher mental lesen

Das Gehirn kann neue Assoziationen nur über bekannte Wörter und Begriffe herstellen. Erhöhen Sie die Assoziationsfähigkeit und Verarbeitungsgeschwindigkeit Ihrer „Denkmaschine“, indem Sie permanent Ihren Wortschatz erweitern. Ich empfehle Ihnen zu diesem Zweck kontinuierlich über mehrere Wochen den Deutschen Duden, Lexika oder Fremdwörterbücher mental zu lesen. Sie werden überrascht sein, über welch umfangreichen Wortschatz Sie nach einer Weile verfügen und wie Ihnen selbst komplizierte Fremdwörter im Gespräch souverän von der Zunge gehen.

Das Kapitel im Überblick

- **Bei der Aktivierung geht es darum, sich die unbewusst aufgenommenen Informationen bewusst zu machen.**
- **Vor der Aktivierung sollte eine ausreichend lange Pause eingelegt werden.**
- **Bei einer zielgerichteten Aktivierung wird der Text noch einmal überflogen (gescannt). Leitfragen und Intuition führen Sie zu den relevanten Textstellen.**
- **Interessante Textstellen können Sie langsamer und genauer lesen (eintauchen).**
- **Je nach Thema kann auch die praktische Umsetzung des Lesestoffs eine gute Aktivierungsmöglichkeit sein.**

8. Eine Hilfe beim Scannen

Die Wahrnehmung von Bewegung

Unsere Augen sind wunderbare Instrumente, die uns viel über die Welt mitteilen, die uns umgibt. Allerdings sollte man wissen, dass die Augen ein gewisses Eigenleben führen. Sie unterliegen einem physiologischen Reflex, denn sie nehmen nur zu gern Bewegungen wahr. Ein physiologischer Reflex, der uns in der Evolution schon seit Jahrmillionen begleitet. Dieser unbewusste Vorgang, alles sich Bewegende visuell wahrzunehmen, die Entfernung und Größe des Objekts sowie dessen Lage und Bewegung im Raum festzustellen und die richtigen Reaktionen darauf auszulösen, ist für uns überlebenswichtig.

Beispiel Straßenverkehr

Nehmen wir den Straßenverkehr, den wir nur bewältigen können, weil unsere Augen reflexartig alle sich bewegenden Fahrzeuge erfassen und das Gehirn in Bruchteilen von Sekunden unbewusst die richtigen Entscheidungen trifft und weiter gehende Reaktionen veranlasst. Verhaltensfehler, die manchmal auch tragische Konsequenzen haben können, entspringen eher dem bewussten Denken, also sobald wir eine Entscheidung mit dem Kopf fällen.

„Hüpfende" Augenbewegung

Was bedeutet das für unsere Schnelllesetechnik? Bei stehenden Objekten bewegen sich unsere Augen ruckartig und in einem ganz bestimmten Raster. Sie vollführen sozusagen kleine unregelmäßige „Hüpfer". Das menschliche Auge verweilt beim Lesen kurz, um ein bis zwei Wörter aufzunehmen, und hüpft dann weiter, um den

Vorgang zu wiederholen (Regression). Nur in der Pause, zwischen den einzelnen „Hüpfern", werden Informationen aufgenommen. Die Pause dauert wesentlich länger als der „Hüpfer" und beansprucht damit einen Großteil unserer Lesezeit.

Gleichmäßige Augenbewegung

Erzeugen wir während des Lesens eine Bewegung, gleiten unsere Augen fließend über die Seiten, indem sie der Bewegung folgen. So können wir kontinuierlich die dargebotenen Informationen aufnehmen und vermeiden die zeitaufwendigen Pausen zwischen den Wörtern. Einen gleichmäßigen Lesefluss erreichen wir, wenn wir einen *Pacemaker,* also einen Schrittmacher, benutzen, der das Lesetempo vorgibt. Unsere Augen folgen dem Pacer unwillkürlich und gleichmäßig.

Lesen mit Pacer

Am besten als Pacer geeignet sind Ihre eigenen Hände und da besonders der Zeigefinger. Natürlich können Sie auch Hilfsmittel wie einen Kugelschreiber benutzen. Wenn Sie Ihren Pacer, nehmen wir Ihren Zeigefinger, in einem *gleichmäßigen Tempo* über die Buchseiten bewegen, entstehen automatisch höhere Lesegeschwindigkeiten.

Lesegeschwindigkeit variieren

Egal, wie schnell Sie Ihre Lesehilfe bewegen, Ihre Augen werden Ihr spielend leicht folgen. Diese Technik hat enorme Vorteile bei der Aktivierungstechnik des Scannens und Eintauchens. Mit Hilfe Ihres Schrittmachers variieren Sie ganz einfach Ihren Rhythmus und Ihre Lesegeschwindigkeit.

Wenn der Lesefluss stockt

Sobald Sie bemerken, dass Sie sich festgelesen haben, bewegen Sie einfach Ihren Pacer weiter und Ihre Augen werden folgen. Sie brauchen keine Angst zu haben, dass Sie irgendetwas nicht mitbekommen. Ganz im Gegenteil, es ist sogar so, dass sich Ihr Verständnis des Lesestoffs deutlich verbessert, je höher Ihre Lesegeschwindigkeit ist.

Das Kapitel im Überblick

- **Um die „hüpfende" Augenbewegung beim herkömmlichen Lesen zu vermeiden, benutzt man einen Pacer.**
- **Indem Sie zum Beispiel mit Ihrem Zeigefinger gleichmäßig über die Seiten gleiten, erreichen Sie einen kontinuierlichen Lesefluss.**
- **Je höher die Lesegeschwindigkeit, desto besser das Verständnis.**

8. Eine Hilfe beim Scannen

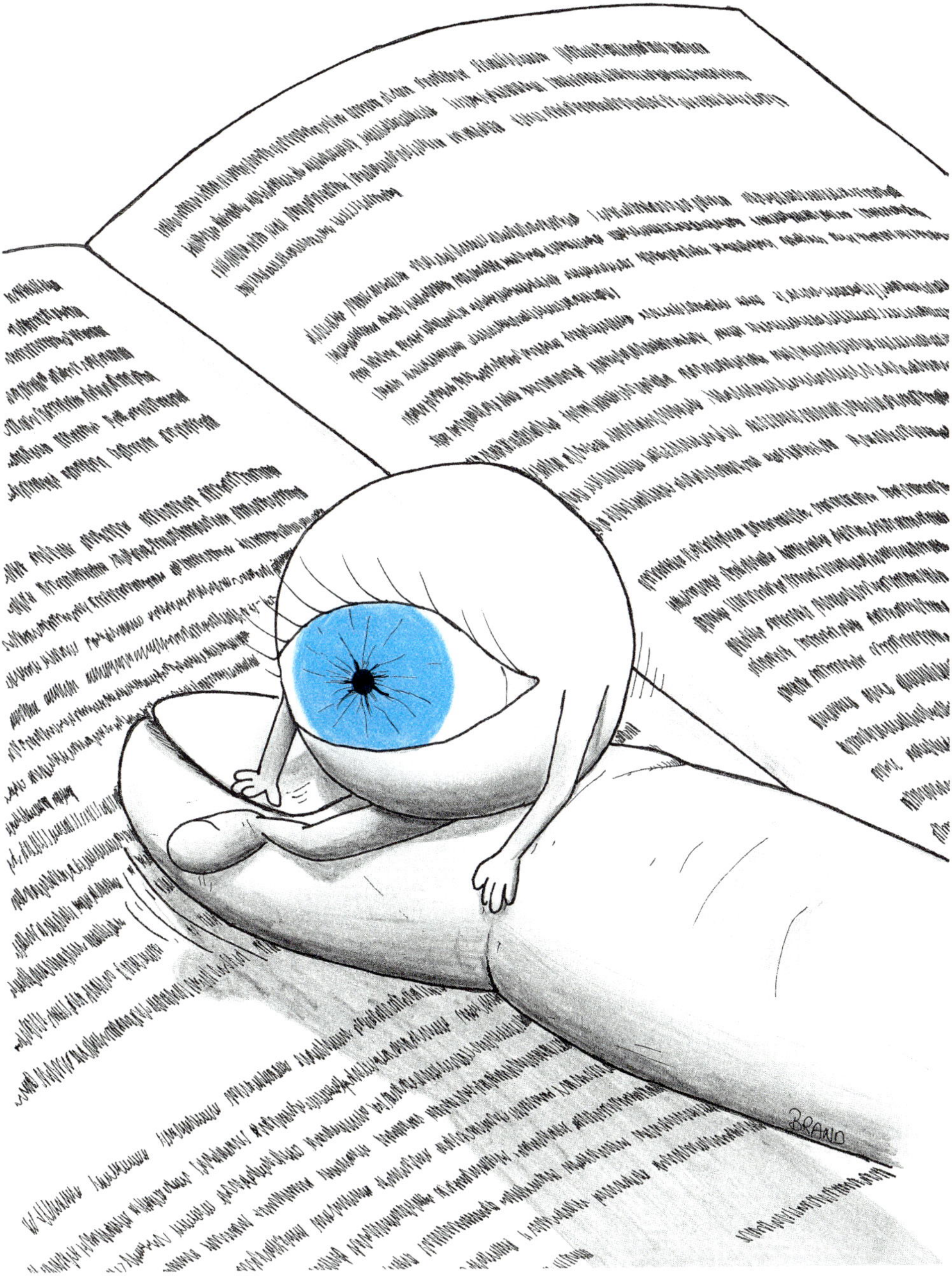

9. Brain Picture

Effizientes Denkwerkzeug

Brain Picture sind ein äußerst wirksames sowie effizientes „Denkwerkzeug“. Mit Hilfe von Brain Picture bedienen Sie sich einer Art der Aufzeichnung und Aktivierung, die Ihre Kreativität mobilisiert und Ihre Gedächtnisleistung unterstützt.

Lineare Aufzeichnungen sind unpraktikabel

Unsere traditionelle Art und Weise etwas aufzuzeichnen und zu notieren, indem wir es linear nebeneinander oder untereinander schreiben, ist zeitaufwendig und wenig praktikabel. Sie werden selbst schon die Erfahrung gemacht haben, dass Sie mit ellenlangen linearen Notizen im Nachhinein wenig anfangen konnten. Sie waren unzufrieden, weil Sie sich entweder zu viele Dinge notiert haben und Wesentliches nicht mehr von Unwesentlichem unterscheiden konnten oder weil sich ergänzende Informationen schlecht in Ihre Notizliste einfügen ließen.

Vorteile von Brain Picture

Durch den Gebrauch von Brain Picture werden Sie entdecken, dass Sie wesentlich leichter, kreativer und zielgerichteter Inhalte, zum Beispiel den Inhalt eines Buches, darstellen können. Weitere schöne Früchte der Brain-Picture-Methode sind eine enorme Zeitersparnis sowie die bessere Verankerung Ihres Wissens im Langzeitgedächtnis.

Schlüsselworte und bildliche Elemente

Anstatt sich mit endlosen linearen Aufzeichnungen abzumühen, fertigen Sie in Zukunft ein Brain Picture an. Zu diesem Zweck notieren Sie sich *Schlüsselworte* und benutzen dabei *Bilder, Symbole, Farben* sowie mehrdimensionale *Illustrationen.* Bringen Sie das Ganze in eine individuelle Struktur. Je außergewöhnlicher Ihr Brain Picture gestaltet ist, desto besser werden Sie sich an die Inhalte erinnern. Durch die Verbindung von Wort und Bild aktivieren Sie sowohl die analytisch-logischen wie auch die kreativen Kapazitäten in Ihrem Gehirn. Sie nutzen also Ihre geistigen Potenziale besser aus.

Aktivierung mit Brain Picture

Brain Picture ist eine hervorragende Methode, um Textmaterial nach dem Scannen und Eintauchen zu aktivieren, zusammenzufassen und in unserem Langzeitgedächtnis zu verankern. Um die Idee von Brain Picture besser zu verstehen, lassen Sie uns einen kleinen Ausflug in die einzigartige menschliche Kommandozentrale, das Gehirn, unternehmen.

Das menschliche Gehirn

Die beiden Gehirnhälften

Aus der Vogelperspektive betrachtet, ähnelt das Gehirn den zwei Hälften einer Walnuss. Beide Gehirnhälften sind durch einen aus Millionen von Nervenfasern bestehenden Balken, das sogenannte Corpus callosum, miteinander verbunden.

Dass das menschliche Gehirn aus zwei Hälften besteht, die unterschiedliche Funktionen ausüben, ist der Wissenschaft schon seit einhundertfünfzig Jahren bekannt. Unsere linke Hemisphäre steuert die rechte Körperhälfte, während die rechte Hemisphäre sich um unsere linke Körperhälfte kümmert. Wir wissen auch, dass das Sprachzentrum mit all seinen Funktionen bei den allermeisten Menschen – bei etwa 98 Prozent der Rechtshänder und bei etwa 66 Prozent der Linkshänder – in der linken Hemisphäre liegt.

Roger Sperrys Forschungen

Erst in den Sechzigerjahren des zwanzigsten Jahrhunderts gab es neue interessante Erkenntnisse in der Gehirnforschung. Einer der führenden Köpfe in der Gehirnforschung war damals der Amerikaner *Roger Sperry,* dem später der Nobelpreis für Medizin verliehen wurde. Durch Untersuchungen an Affen, denen das Corpus callosum durchtrennt wurde, fand er heraus, dass die beiden Hemisphären ohne Verbindung quasi ein Eigenleben führten. Erstaunlicherweise verhielten sich die Affen weiterhin völlig normal und lernten trotz ihrer scheinbaren Behinderung sogar Neues dazu. Allerdings schien es so, als wenn die zwei Gehirnhälften der Affen ein voneinander völlig unabhängiges Leben führten und eine unterschiedliche Wahrnehmung besäßen.

Roger Sperry erfuhr von ähnlichen Operationen an Menschen, die an schwerer Epilepsie litten. Auch Sie verhielten sich nach der Durchtrennung des Corpus callosum völlig normal. Ihr Lernverhalten und ihr Langzeitgedächtnis funktionierten weiterhin ausgezeichnet. In Zusammenarbeit mit diesen Split-Brain-Patienten führte Sperry einige interessante Experimente durch, die zu erstaunlichen Entdeckungen führten.

Unterschiedliche Informationsverarbeitung der Hemisphären

Im Zuge dieser Experimente kristallisierte sich immer mehr die Erkenntnis heraus, dass die beiden Hemisphären Sinneseindrücke unterschiedlich verarbeiten und sie bei aller Gegensätzlichkeit in der Informationsverarbeitung zu eigenständigem Denken und Urteilen befähigt sind. Eine Fülle von wissenschaftlichen Arbeiten belegen, dass diese Erkenntnisse und Hypothesen auch für den gesunden Menschen zutreffen.

Die Arbeitsweise der linken Gehirnhälfte

Jede der beiden Hemisphären speichert die gleichen Sinneswahrnehmungen, verarbeitet Sie jedoch auf unterschiedliche Weise. Die *linke Hirnhälfte* analysiert, organisiert, zählt, misst die Zeit, plant schrittweise, formt in Sprache um, begründet und beweist rational sowie logisch. Ihr Vorgehen ist zielgerichtet, folgerichtig und sachlich. Die Fähigkeiten der linken Hemisphäre sind die in unserer Gesellschaft am meisten hofierten Leistungen und gleichzeitig ein Synonym für Intelligenz. In den westlichen Ländern werden die Fähigkeiten der linken Gehirnhälfte hoch geschätzt.

Die Arbeitsweise der rechten Gehirnhälfte

Darüber hinaus verfügen wir jedoch über weitere Erkenntnisformen. Wir können Dinge sehen, die nur vor unserem geistigen Auge existieren, die also imaginär sind. Oder wir können uns Erinnerungen bildhaft vorstellen. Wir sehen, wie die Dinge im Raum existieren und wie sich ihre Teile zu einem Ganzen verbinden. Solche Erkenntnisformen sind zurückzuführen auf die Fähigkeiten der *rechten Gehirnhälfte.* Durch sie können wir Bilder verstehen, Träume erinnern und neue Ideen kreieren. Gebrauchen wir unsere rechte Hemisphäre, sind wir auch befähigt, Bilder von unseren Wahrnehmungen zu zeichnen. Wenn wir unsere Sinneseindrücke mithilfe der rechten Hemisphäre verarbeiten, bedienen wir uns dem Unbewussten in Form von Intuition. Unsere Einsichten erfolgen dadurch plötzlich und unsere Wahrnehmungen münden in unbestimmbare Gefühle.

In Wirklichkeit sind die geistigen Fähigkeiten der beiden Hemisphären über die gesamte Hirnrinde verteilt und beide Hälften sind bei *allen* Erkenntnisprozessen beteiligt. Und doch ist es so, dass stets eine Gehirnhälfte bei bestimmten, eben beschriebenen Erkenntnisweisen stark dominiert.

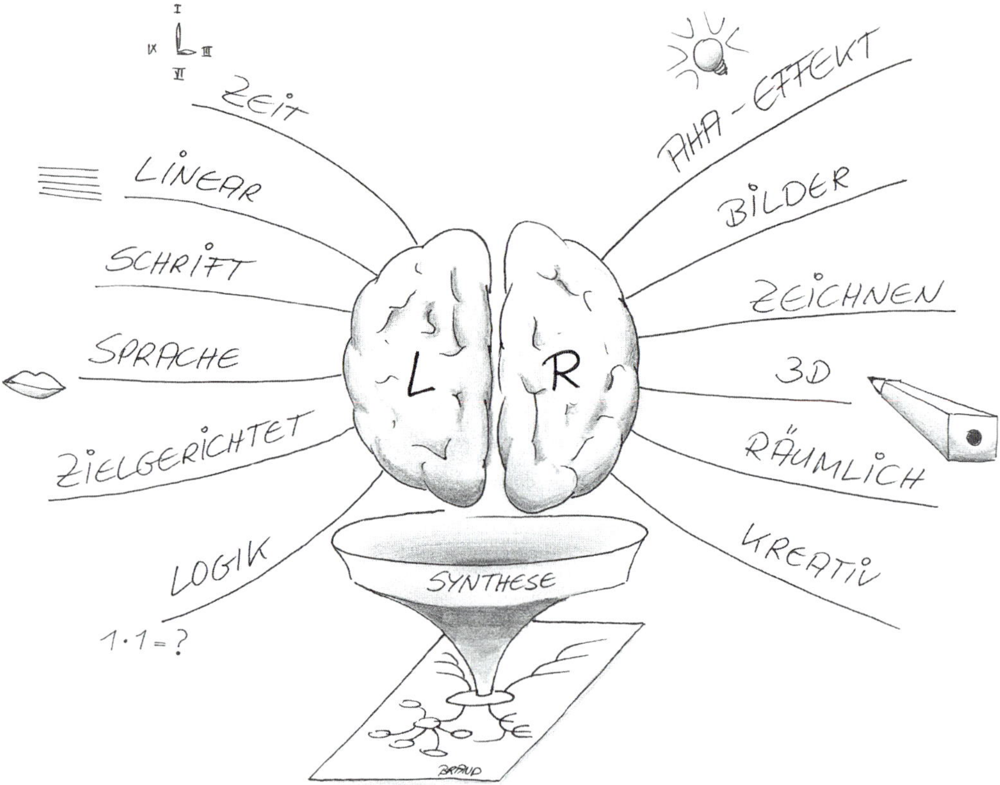

Einseitige Nutzung der linken Gehirnhälfte

Nun, was bedeutet das für unsere Lesetätigkeit und für die Aktivierung des Lesestoffs? Ein Schreibsystem, das Sätze, Listen, Zeilen sowie Wörter logisch aneinander reiht und nur eine Farbe nutzt, aktiviert ausschließlich die Denkmuster der linken Hirnhälfte. Das bedeutet, dass wir bei einer solchen Form des Aufschreibens faktisch nur *halbhirnig* arbeiten und nur einige wenige Ausdrucksformen und Denkstrukturen unseres Geistes benutzen. Wir verzichten somit freiwillig auf die Hälfte der uns zur Verfügung stehenden geistigen Möglichkeiten.

Aktivierung beider Gehirnhälften

Sobald Sie beginnen, rechtshirnig zu denken und Ihre Wörter mit Ausdehnung, Raum, Farbe, Bildern und Symbolen sowie mit Ihrer Fantasie zu verbinden, aktivieren Sie Ihr gesamtes geistiges Potenzial. Sie werden erfahren, welche schöpferischen und kreativen Fähigkeiten in Ihnen schlummern und zu welchen unglaublich kreativen Leistungen Sie imstande sind.

Erstellung eines Brain Picture

Anstatt mit einem normalen Satz oder in Listenform das Gelesene aufzuzeichnen, beginnen Sie in Zukunft mit einem Brain Picture. Dazu stellen Sie das *zentrale Thema,* möglichst mit Bild und Farbe versehen, auf die Mitte einer Seite. Im Fall unseres Buches würde das so aussehen:

Schlüsselworte Hängen Sie dann an das Thema im Mittelpunkt *Schlüsselworte,* die Ihnen wichtig erscheinen und die das Thema weiter untergliedern. Auch hierbei fördern *Symbole, Bilder* und die Verwendung von *Farbe* das Erinnerungsvermögen.

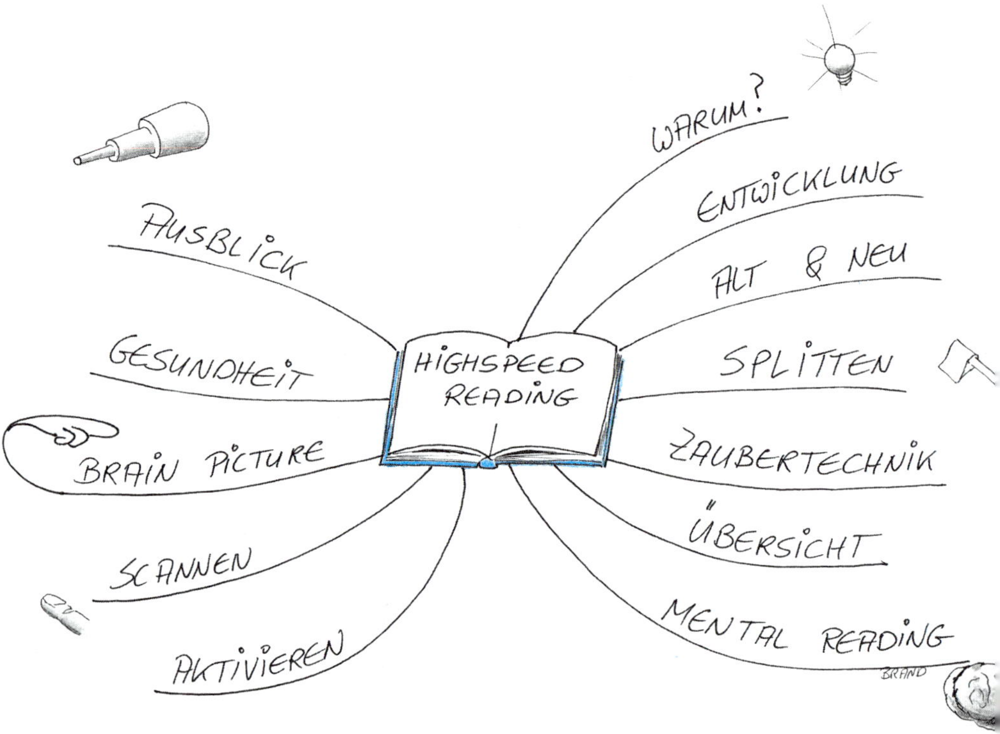

Logik und Kreativität

Mit einem Brain Picture kombinieren Sie die Fähigkeiten Ihrer beiden Gehirnhälften und schöpfen Ihre geistigen Möglichkeiten weit besser aus. Sie nutzen einerseits das logische Denkvermögen, den analytischen Verstand, das rationale, lineare Erfassen der linken Hemisphäre und andererseits die räumliche Vorstellungskraft, die Fantasie, das bildhafte Gedächtnis und intuitive Erkennen der rechten Hemisphäre.

Bilder werden besser erinnert

Bei diesem Vorgehen befinden Sie sich im Einklang mit gehirnphysiologischen Gegebenheiten, denn Bilder erzeugen einen starken Eindruck im Gehirn. Herkömmliche Schriftzeichen und Sprache können maximal Bilder in Ihrem Inneren assoziieren.

Bilder, Farben, Klänge, Töne, Gerüche, taktile und geschmackliche Wahrnehmungen sind hervorragende Speicherungsformen des Gedächtnisses und aktivieren unser Erinnerungsvermögen.

Bilder sind der Schlüssel zu einem außergewöhnlich kreativen, schöpferischen Erinnerungsvermögen.

Wenn Sie ein Brain Picture erstellen, sollten Sie verstärkt Farben, Symbole und Bilder benutzen und Schlüsselwörter mit Pfeilen verbinden. Daraus erwachsen unendliche Assoziationsmöglichkeiten und Zusammenhänge werden leichter klar. Sowie es im linearen Schriftverkehr gewisse Regeln gibt – zum Beispiel das Schreiben von links nach rechts –, unterliegen auch Brain Pictures einigen Spielregeln, die Ihnen helfen, eine simple Ordnung einzuhalten, und die Ihr Erinnerungsvermögen unterstützen.

Regel 1
Benutzen Sie ein weißes Blatt, Größe mindestens DIN A4, Querformat. Ein Brain Picture im Querformat lässt Ihnen mehr Gestaltungsfreiheit und ist später auch besser lesbar.

Regel 2
Beginnen Sie immer mit der Darstellung des zentralen Themas in der Mitte des Blattes. Bringen Sie Ihre zeichnerischen Fähigkeiten ein und setzen Sie das Thema bildlich um.

Regel 3
Zeichnen und schreiben Sie mit Farben. Farben unterstützen unser Erinnerungsvermögen sowie unsere Kreativität.

Regel 4
Verwenden Sie so viel Bilder wie möglich. Der Einsatz von Bildelementen erhöht Ihre Merkfähigkeit und schafft einen Ausgleich zur linearen Schreibweise.

Regel 5
Schaffen Sie eine gewisse Mehrdimensionalität und Räumlichkeit auf dem Papier. Das menschliche Auge sieht besonders gern dreidimensional.

Regel 6
Verwenden Sie Pfeile, Symbole und andere Elemente, mit denen Sie das Thema und die Schlüsselwörter sowie die Schlüsselwörter untereinander verbinden. Ihr Auge und Ihr Geist erkennen damit ganz leicht die Verbindungen und Zusammenhänge in Ihrem Brain Picture.

Regel 7
Verwenden Sie jeweils nur ein Schlüsselwort und hängen Sie Ihre Assoziationen einfach daran. Malen Sie das Schlüsselwort und beschriften Sie es. Oder gehen Sie den umgekehrten Weg, indem Sie Ihre linearen Aufzeichnungen mit zeichnerischen Mitteln ergänzen.

Regel 8
Schreiben Sie die Wörter nur in Druckbuchstaben. Druckbuchstaben sind besser lesbar, haben eine klare Form und lassen sich leichter im Gedächtnis verankern. Außerdem wird das Schreiben in Druckbuchstaben Sie dazu anhalten, sich kürzer und prägnanter auszudrücken.

Regel 9
Schreiben Sie die Schlüsselwörter auf die Linien oder Äste Ihres Brain Pictures. Damit schaffen Sie eine räumliche Struktur, die in Ihrem Gedächtnis als ganzes Bild abgespeichert wird.

Spiegelbilder Ihres Denkens

Brain Pictures spiegeln Ihre individuellen Denkmuster wider. Demzufolge werden sich Ihre Brain Pictures naturgemäß von denen anderer Menschen unterscheiden. Selbst wenn es sich um das gleiche Thema, Buch usw. handelt, können Brain Pictures individuell ganz unterschiedlich ausfallen. Je gebildeter und intelligenter die jeweiligen Anwender sind, umso größer ist in der Regel die Spannbreite ihrer Individualität und umso verschiedener sind ihre Brain Pictures. In jedes Brain Picture fließen Ihre persönlichen Erfahrungen und Assoziationen ein, und nur Sie können wissen, welche Assoziationen und Bilder Ihnen helfen, sich langfristig an das Lesematerial zu erinnern und welche Zusammenhänge Ihnen durch den Stoff klar geworden sind.

Brain Picture ist die innovativste und kraftvollste Methode, Lesematerial nach dem Scannen und Eintauchen zu aktivieren und zusammenzufassen. Nutzen Sie diese Art der Aufzeichnung, Sie werden erstaunt sein, wie einfach und wirkungsvoll die Methode ist.

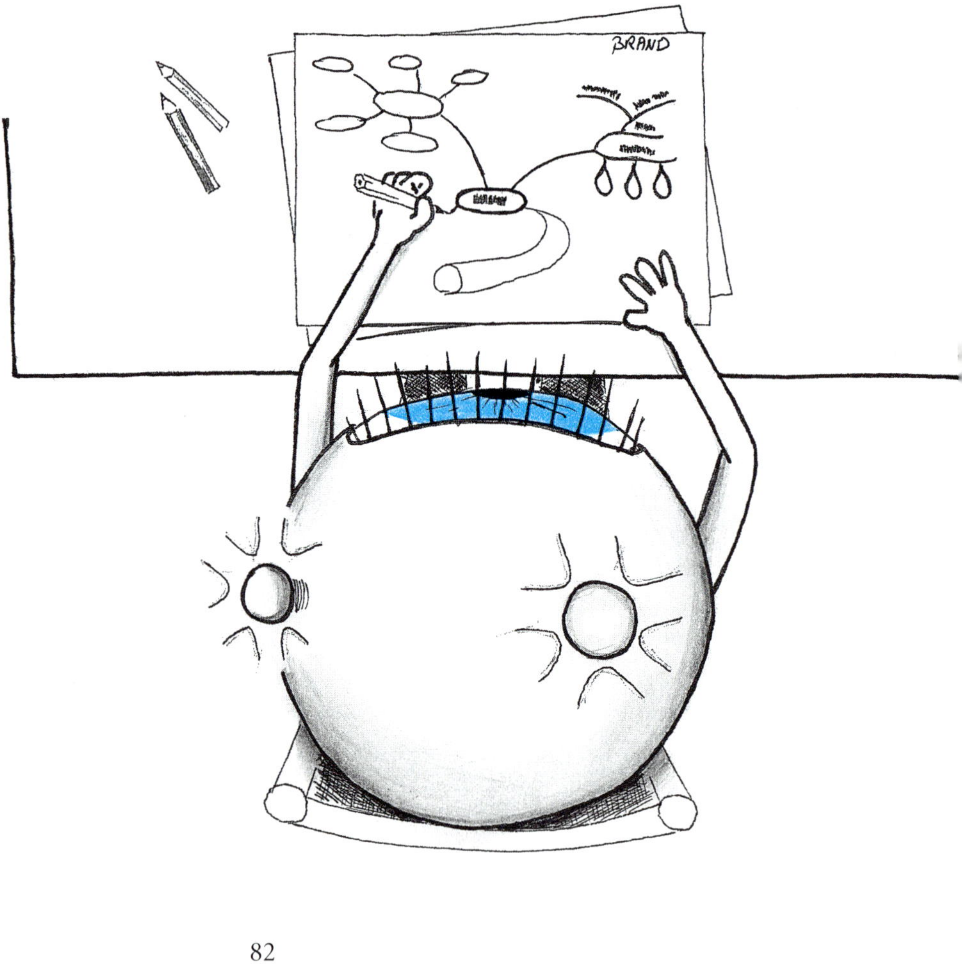

Das Kapitel im Überblick

- **Brain Picture ist eine kreative Methode, um sich Notizen zu machen oder die wichtigsten Gedanken eines Buches zusammenzufassen.**

- **Die wesentlichen Vorteile von Brain Picture gegenüber dem herkömmlichen linearen Aufzeichnen sind: Zeitersparnis, Aktivierung beider Gehirnhälften, mehr Kreativität, besseres Erinnern.**

- **Brain Picture aktiviert beide Gehirnhälften: das analytische und logische Denken der linken wie das kreative und bildliche Denken der rechten Gehirnhälfte.**

- **Wenn Sie die neun Regeln des Brain Picture beherzigen, verfügen Sie über eine ebenso einfache wie effektive Methode Lesestoff zu aktivieren.**

10. Was Ihr Lesen noch beeinflusst

Neben den vorgestellten Techniken des Highspeed-Reading-Systems, die es Ihnen mit ein wenig Übung ermöglichen, ein Buch innerhalb kürzester Zeit zu lesen, kann auch die Berücksichtigung externer Faktoren, wie Licht, Ernährung, Musik, Ihre Leseleistung weiter optimieren.

Lichtverhältnisse

Tageslicht ist am besten

Einen sehr großen Einfluss auf unsere Leseleistung hat die Beleuchtung unseres Leseplatzes. Bei einem gut ausgeleuchteten Leseplatz erhöhen sich die Aufmerksamkeit und die Lesegeschwindigkeit beträchtlich. Bei gut abgestimmten Lichtverhältnissen nehmen Sie besser wahr und lesen konzentrierter. Das beste Licht, das wir bekommen können, ist das *ungefilterte Tageslicht.* Wann immer es Ihnen möglich ist, sollten Sie in Fensternähe lesen. Tageslicht hat im Sommer bei Sonnenschein die höchste Lichtstärke, ungefähr 100 000 Lux, während uns im Winter bei bedecktem Himmel nur noch 1000 bis 2 000 Lux erreichen.

Leseplatz mit mindestens 1 000 Lux

Die Mindestanforderungen an einen gut ausgeleuchteten Leseplatz liegen bei 1 000 Lux. Bestätigen doch neuere psychologische Untersuchungen, dass bei einer Lichtstärke von mindestens 1 000 Lux Arbeitsleistungen beträchtlich gesteigert werden sowie depressive Erkrankungen bei Beleuchtungsstärken von über 1 000 Lux deutlich zurückgingen.

Auch die Art des Lichtes beeinflusst unsere Leseleistung und Aufnahmefähigkeit erheblich. Das warme, weiche, gelbe Licht der Glühbirne kommt mit seinem Spektrum dem natürlichen Tageslicht am nächsten und ist dem harten, fluoreszierenden Neonlicht vorzuziehen.

Glühbirnen besser als Neon

Eine Raumbeleuchtung durch eine zentrale Deckenlampe ist optimal. Arbeitsleuchten verursachen häufig Schatten und Kontraste, die unsere Augen unnötig durch die Hell-Dunkel-Anpassung belasten.

Deckenlampen sind besser als Arbeitsleuchten

Eine dem natürlichen Tageslicht am nächsten kommende Beleuchtung ist am besten für das Lesen geeignet.

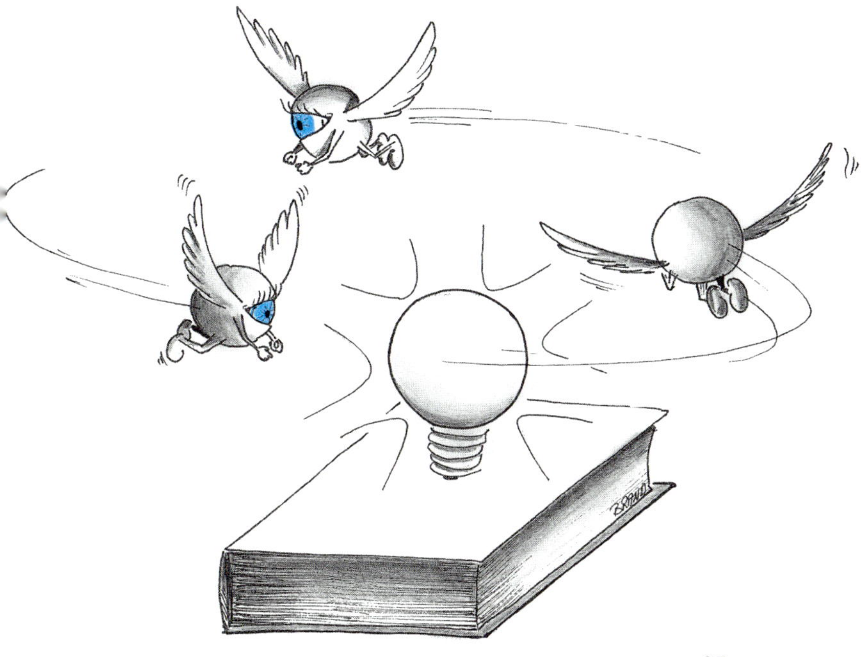

Ernährung

Geistige Gesundheit

Eine gute Ernährung spielt nicht nur für unsere körperliche, sondern auch für unsere geistige Gesundheit und unser Denkvermögen eine entscheidende Rolle.

Fleisch – schlechter Energielieferant

Kaum einer unserer beleibten Mitbürger ist sich des Zusammenhangs zwischen Ernährung und Denken bewusst. Nur sauberes, von Schlacken und Abfallstoffen freies, sauerstoffreiches Blut versorgt unser Gehirn mit ausreichenden Nährstoffen, die eine hohe geistige Klarheit gewährleisten.

Unser Gehirn verbraucht 25 Prozent der Gesamtenergie unseres Körpers für seine Aktivitäten. Wenn wir uns vor Augen halten, dass 70 Prozent der Energie, die uns der Verzehr von Fleisch liefert, schon wieder für die Verdauung und Ausscheidung desselben gebraucht werden, also Fleisch uns faktisch nur 30 Prozent Energie liefert, dann können Sie sich ausrechnen, wie wenig Energie für Ihr Denken übrig bleibt. Die sehr energieaufwendige Verdauung von Fleisch ist übrigens auch der Grund, warum Sie nach einem opulenten Mahl müde werden.

Fett macht träge

Besonders Nahrungsmittel mit einem hohen Fettgehalt, wie eben Fleisch, machen den Geist träge und vernebeln das Denken. Die Fettverdauung ist so anspruchsvoll, dass dem Gehirn viel Blut für das Verdauungssystem entzogen wird. Deshalb werden die Denkprozesse verlangsamt und eine leichte Form von Depression kann hervorgerufen werden. Oder wie der Volksmund sich ausdrückt: Voller Bauch studiert nicht gern.

Auf Fleisch verzichten

Menschen, die wissen, dass Sie einen klaren Kopf brauchen, verzichten aus diesem Grund auf Fleisch. So zum

Beispiel *Ferdinand Piech*, Aufsichtsratsvorsitzender von VW, der in einem Interview mitteilte: Fleisch zu Mittag mache ihn müde, er bevorzuge Salat, denn er brauche die Klarheit seines Denkens. Ähnlicher Meinung war übrigens auch *Arabella Kiesbauer*, Talkshowmoderatorin von Pro 7, die bemerkte, dass Fleisch ihr Denken trübe, sie müde mache und sie deswegen auf den Verzehr von Fleisch verzichte.

Milliarden von Menschen im asiatischen Raum ernähren sich fleischlos und leiden weder unter Mangelerscheinungen noch unter den so genannten Zivilisationskrankheiten. Ganz im Gegenteil verfügen sie sogar häufig über eine bemerkenswerte Gesundheit und Lebensfreude.

Vorsicht Getreide!

Gewarnt sei auch vor dem bei uns so beliebten Getreide, insbesondere Weizen, das in Form von Kuchen, Brot, Nudeln, Keksen, Müsli zu unseren Grundnahrungsmitteln gehört. Getreide besteht aus Stärke und Stärkekörnern, die unverdaut aus dem Darm in unser Blut gelangen können. Sobald sich die unverdauten Stärkemoleküle in unserem Blut befinden, besteht die Gefahr, dass sie die Blut-Hirn-Schranke überwinden und sich in unserem Gehirn festsetzen. Medizinische Untersuchungen haben gezeigt, dass Stärkeschlacken mit verantwortlich sind für die vorzeitige Verkalkung und Verknöcherung des Gehirns mit den daraus resultierenden Folgen wie Gedächtnisschwäche, Vergesslichkeit, eingeschränkter geistiger Beweglichkeit usw. Auch beim Thema Getreide kann man sich vor Augen halten, dass die Mehrzahl der Weltbevölkerung gar kein Brot oder Kuchen kennt.

Zucker, Kaffee, Alkohol & Co.

Auch Genussmittel stören die Ausgewogenheit der Nährstoffe im Körper und vergiften das System. Die Gefahren von Zucker, Alkohol, Tabak und Kaffee sind allenthalben bekannt, sodass wir nicht weiter darauf einzugehen brauchen. Festzuhalten bleibt nur, dass sie sicherlich häufig die Hauptschuldigen für eine schlechte geistige Gesundheit sind.

Empfehlenswert: frisches Obst und Gemüse

Vorwärts strebende Menschen, die eine hohe geistige Klarheit benötigen, sollten nur frische, von Schadstoffen unbelastete, der Vitalität und der geistigen Wahrnehmung dienende Nahrungsmittel zu sich nehmen. Bevorzugen Sie in Ihrer Kost Obst, frisches Gemüse, Nüsse sowie reines Wasser.

Prominente Vegetarier

Sie befinden sich damit in bester Gesellschaft mit den großen Denkern dieser Welt. Einer der vielleicht klügsten Vertreter des klassischen Altertums, *Pythagoras,* der als Urvater der Mathematik, der modernen Astronomie, der Philosophie und anderer Wissenschaften gilt, ernährte sich Zeit seines Lebens nahezu ausschließlich von Früchten. Auch von *Leonardo da Vinci*, dem wahrscheinlich größten Genie aller Zeiten, wissen wir, dass er ein Früchteesser war. Oder *George Bernard Shaw*, dieser wunderbare Schriftsteller, der ebenfalls gut ohne Fleisch, Fisch, Geflügel, Tee, Tabak und Alkohol auskam und im hohen Alter von 94 Jahren bei bester Gesundheit und geistiger Klarheit durch einen Unfall bei der Obsternte starb.

Die Reihe der Denker, Genies und Persönlichkeiten dieser Welt, die ihrer Ernährung entscheidende Bedeutung für ihr Denken beimaßen, ließe sich beliebig fortsetzen. Um das Thema abzuschließen:

Ernähren Sie sich vorwiegend von Früchten, frischen Salaten, Gemüse sowie Nüssen, Sprossen und Samen. Trinken Sie reichlich reines Wasser. Verzichten Sie generell auf süchtig machende Genussmittel und Stimulanzien.

Der wahre Genuss ist eine körperliche Vitalität und eine geistige Klarheit, die Ihnen reichlich Früchte einbringen wird.

Lächeln

Zu lächeln ist eine der einfachsten und wirkungsvollsten Strategien, um seinen Gemütszustand in kurzer Zeit zu verbessern.

Wer lächelt, fühlt sich wohler

Auf den Leseprozess übertragen, ist das Lächeln bestens geeignet, um uns in eine aufgeschlossene, neugierig-entspannte Erwartungshaltung zu versetzen. Dem liegt ein simpler und doch sehr wirkungsvoller neurophysiologischer Zusammenhang zugrunde: Sobald Sie lächeln oder lachen, drücken die für diese Bewegung zuständigen Wangenmuskeln auf einen speziellen Nerv, der diese

Lächeln versetzt Sie in eine positive Erwartungshaltung

Impulse an Ihr Gehirn weiterleitet. Ihr Gehirn „weiß" nun, dass Sie lächeln und veranlasst eine Hormonausschüttung, die Sie in eine positive Gemütsstimmung versetzt. Wenn Sie während des Leseprozesses lächeln, versetzen Sie sich also selbst in eine positive Stimmung.

Lächeln vertreibt trübe Gedanken

Diese Strategie der Gemütsaufhellung durch ein Lächeln funktioniert auch sonst im Alltag. Sind Sie in einer negativen oder aufgeregten Verfassung, lächeln Sie einfach eine Minute still vor sich hin und denken Sie dabei an etwas Angenehmes. Sie werden erstaunt sein, wie schnell sich Ihre Stimmung zum Positiven verändert.

Musik

Lernen mit Musik

Schon *Dr. Georgi Losanov*, der Begründer der beschleunigten Lernverfahren, erkannte die einmalige Wirkung von Musik für das Lernen und die Verankerung von Informationen im Langzeitgedächtnis. Vor allem die klassische Barockmusik und da besonders die langsamen Partien – die so genannten Largo-Sätze mit einer Taktfrequenz von 60 bis 65 Schlägen pro Minute – sind bestens geeignet, um uns in einen optimalen Lese- und Lernzustand zu versetzen.

Entspannte Konzentration im Alpha-Zustand

Während Sie ein ruhiges Largo hören, senkt sich Ihr Blutdruck, Ihr Pulsschlag verringert sich und die Stresshormone im Blut sinken. Gleichzeitig verändern sich Ihre Gehirnwellen, die schnellen Beta-Wellen nehmen ab und der Anteil der entspannenden Alpha-Wellen erhöht sich um durchschnittlich sechs Prozent. Außerdem harmonisiert die Barockmusik die linke und rechte Hemisphäre, die Aktivitäten beider Gehirnhälften werden somit synchronisiert. Durch die Wirkungsweise der Musik gelangen Sie mühelos in wenigen Minuten in einen Zustand der entspannten Wachheit, dem Idealzustand für Kreativität und innovative Höchstleistungen.

Die ruhige Sechziger-Taktfrequenz verschafft Ihnen außerdem ein anderes Raum-Zeit-Empfinden. Es ist durchaus möglich, dass Sie das Gefühl haben, als würden Sie schon zwei Stunden an Ihrem Brain Picture arbeiten, und wenn Sie auf die Uhr schauen, sind doch erst dreißig Minuten vergangen. Sie können sich sowohl beim Lesen wie beim Anfertigen eines Brain Pictures von klassischer Musik begleiten lassen. Und auch bei allen anderen Formen des beschleunigten Lernens wirkt diese Musik konzentrationsfördernd und entspannend zugleich.

Rockmusik nein danke!

Vermeiden Sie dagegen auf jeden Fall Rockmusik. Rockmusik hat nachweislich sehr schädliche Auswirkungen auf unsere Psyche und unsere körperliche Leistungsfähigkeit. Der unterbrochene Takt überträgt sich auf unseren Körper und führt zu ständigen inneren Zäsuren. Nach jedem Taktstrich hält der Zuhörer sozusagen innerlich an, was auf Dauer eine innere Zerrissenheit und Disharmonie verursachen kann.

Das Universum schwingt im Walzertakt

Der Grundton des Körpers, der Erde, ja des ganzen Universums kommt wohl dem Walzertakt sehr nahe, den ein gleichmäßiges Fließen kennzeichnet. Forschern ist es schon seit geraumer Zeit gelungen, die Töne der Eigenschwingung unserer Zellen für uns hörbar zu machen und aufzuzeichnen. Demnach scheinen alle Menschen, Tiere, Pflanzen und das ganze Universum im Walzertakt zu schwingen. Somit ist klassische Musik am besten geeignet uns zu zentrieren und den optimalen Lese- und Lernzustand in uns hervorzurufen.

Das Kapitel im Überblick

- **Ihr Leseplatz sollte ausreichend hell sein, die Lichtstärke mindestens 1 000 Lux betragen.**
- **Geistige Vitalität bedarf einer gesunden Ernährung. Bevorzugen Sie frisches Obst und Gemüse, trinken Sie ausreichend Wasser. Fleisch, Getreide und Genussmittel sollten Sie besser meiden.**
- **Lächeln steigert Ihr Wohlgefühl und schafft eine positive Erwartungshaltung während des Leseprozesses.**

■ **Klassische Barockmusik vermag Sie in einen Zustand entspannter Konzentration zu versetzen.**

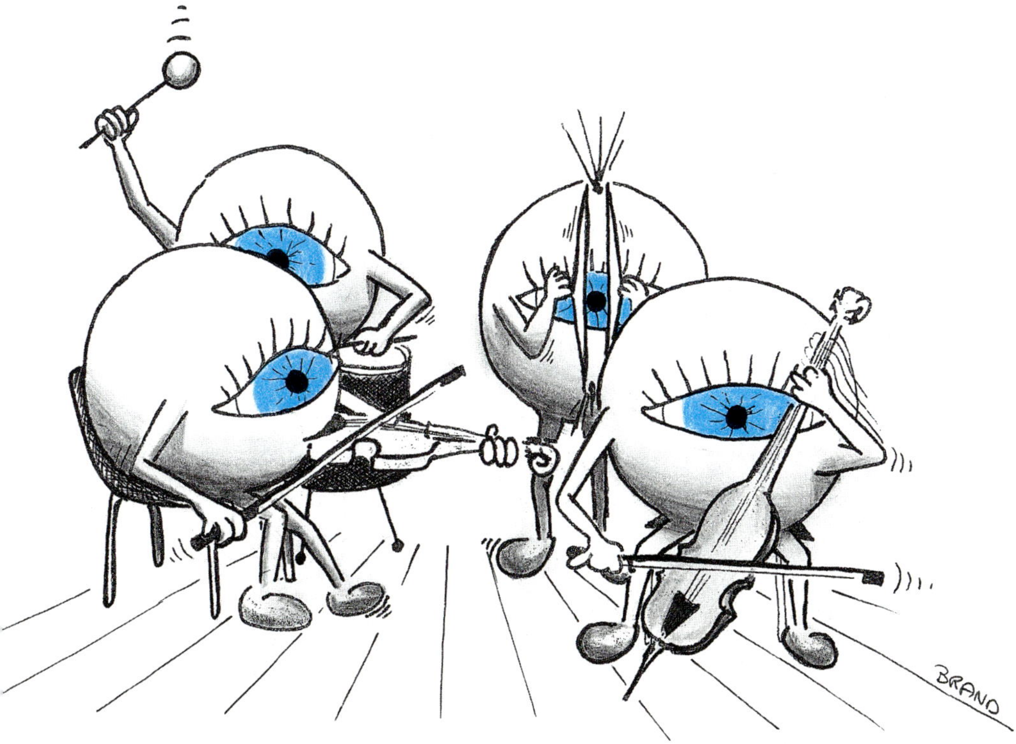

Fragen und Antworten aus der Seminarpraxis

Einhaltung der Reihenfolge

Frage: *Muss ich auf jeden Fall in der Reihenfolge der einzelnen Schritte des-Highspeed-Reading Systems vorgehen?*

Antwort: Wir antworten auf diese Frage gern mit etwas chinesischer Weisheit. Am Anfang jedes Lernens steht in der Regel das konsequente Nachmachen und Kopieren des Lehrers, Trainers usw. Das ist der erste Maßstab, an den wir uns halten, der uns korrigiert und weiterhilft, uns lenkt und leitet. In dieser Phase hoffen wir auch alles richtig zu machen und passen auf, dass sich ja keine Fehler einschleichen. Nach einer Weile des Übens und Anwendens kommt die Phase des Hinterfragens, des Experimentierens und der Irrtümer. Daraus entwickelt sich dann die Meisterschaft. Man verkörpert und lebt seine gemachten Erfahrungen.

Highspeed Reading ist kein Dogma, sondern lässt einen weitreichenden Rahmen für eigene Entscheidungen. Nach einiger Zeit der kontinuierlichen Anwendung des Lesesystems werden Sie automatisch und gefühlsmäßig in der für Sie richtigen Art und Weise agieren.

Ob Sie sich nur eine Übersicht verschaffen wollen oder auf diesen Schritt verzichten und ein Ihnen bekanntes Buch sofort mental lesen, ob Sie sich schon nach der Übersicht ein Brain Picture anfertigen und dann erst mental lesen, um Ihr Brain Picture am nächsten Tag zu ergänzen – die Möglichkeiten des fortgeschrittenen Anwenders sind vielfältig. Variieren Sie die Schritte entsprechend Ihren individuellen Bedürfnissen und Vorlieben.

Dennoch empfehlen wir, das System in gewissen Zeitabständen auch in der hier vorgestellten Reihenfolge zu benutzen, um Ihre Grundfertigkeiten immer wieder einmal zu schulen.

Mentales Lesen vor dem Schlafengehen

Frage: *Ich habe die Angewohnheit vor dem Schlafengehen noch ein Buch mental einzulesen. Seitdem schlafe ich manchmal sehr unruhig und fühle mich am Morgen nach dem Aufstehen niedergeschlagen und missmutig.*

Antwort: Mental Reading ist eine sehr kraftvolle Technik, die es uns ermöglicht, eine ungeheure Menge von Daten mit sehr hoher Geschwindigkeit in unser Unterbewusstsein zu transportieren. In unseren Träumen werden die Informationen von unserem Geist begutachtet, gemustert und in unser persönliches Wissensnetz eingebunden. Bücher mit gewalttätigem Inhalt sowie mit beunruhigenden Aussagen oder Prophezeiungen können unsere Träume und Stimmungen nachhaltig sehr stark beeinflussen. Wir empfehlen Ihnen, vor dem nächtlichen Schlaf nur Bücher mit einem positiven, inspirierenden Inhalt mit dem Highspeed-Reading-System zu lesen. Sie werden eine sehr deutliche Verbesserung Ihres Schlafverhaltens bemerken und Ihre Träume werden Sie positiv inspirieren.

Dauer des Trainings

Frage: *Wie lange brauche ich, um dieses System sicher und mit maximalem Erfolg anwenden zu können?*

Antwort: Wie lange brauchen Sie um laufen zu lernen? Wie lange um Fahrrad fahren zu können? Wie lange um schwimmen zu lernen? – Je mehr Sie sich bemühen, Highspeed Reading zu einem Teil Ihrer selbst werden zu lassen, je mehr Sie das System täglich bei verschiedensten Arten von Textmaterial anwenden, umso eher können Sie gar nicht mehr anders als mit dem Highspeed-Reading-System schnellzulesen. Der Autor selbst hat seit langem eine wahre Abneigung gegen das konventionelle Lesen entwickelt und einen immensen Spaß daran, zusammen mit seinem Unterbewusstsein in immer kürzerer Zeit die wesentlichen zehn bis zwanzig Prozent der Inhalte seiner jeweiligen Lektüre herauszufiltern.

Eignung des Lesematerials

Frage: *Soll ich das Hochgeschwindigkeitslesesystem wirklich auf jedes Buch, auf jede Zeitung und Zeitschrift usw. anwenden?*

Antwort: Für alle Bücher, Broschüren, Beschreibungen, Handbücher, Bedienungsanleitungen etc. eignet sich Highspeed Reading auf jeden Fall. Differenzierter – allerdings nicht nur im Hinblick auf das Schnelllesen – sollte man die Lektüre von Tageszeitungen und einer ganzen Reihe von Illustrierten betrachten: Der Informationswert vieler Meldungen tendiert häufig gegen null. Was hat es für Sie z. B. für eine Bedeutung, wenn Sie aus der Tagespresse erfahren, dass am Vortag auf der Autobahn A4 ein LKW umgekippt ist und sich dadurch zehn Kilometer Stau gebildet haben? Genauso gering ist der Informationswert, wenn Sie einem Yellowpress-Blatt entnehmen, dass Königin „Sowieso“ leicht erkältet ist und sich in ärztliche Behandlung begeben hat.

Bedenken Sie bitte auch, dass ein Redakteur seine Artikel aus einer Flut von Meldungen zusammenstellt. Sie erfahren somit immer nur das, was Andere für wichtig halten und selten das, was momentan für Sie von Bedeutung wäre. Der Autor persönlich hält es auf Dauer für wenig angebracht, Zeitungen und dem allgemeinen Kommerz verpflichtete Illustrierte mental in sein Unterbewusstsein einzulesen. Es gibt wahrlich wertvollere Lektüre!

Ein kritisch-optimistischer Ausblick

Lebenslanges Lernen

In Zukunft werden nur die Menschen die Chancen des Lebens nutzen können, die bereit sind, sich immer wieder Neues anzueignen und Lernen als einen Weg der lebenslangen Entwicklung zu betrachten. Kontinuierliche Weiterbildung im Beruf, aber auch ein häufiger Arbeitsplatzwechsel mit neuen, oft gegensätzlichen Anforderungen an das Wissen und Können jedes Einzelnen stehen immer mehr im Blickpunkt einer sich ständig verändernden Arbeitswelt.

85 Prozent unseres Wissens erwerben wir durch Lesen

Leseexperten schätzen, dass wir 85 Prozent unseres Wissens nur durch Lesen erwerben. Daraus folgt, dass wir in Zukunft viel Zeit für das Lesen und die anschließenden schriftlichen Aufzeichnungen verwenden müssen, wenn wir keine Bereitschaft zeigen, Veränderungen in unserer bisherigen Lese- und Lernmethodik anzustreben.

Bessere Ergebnisse durch innovative Lernmethoden

Highspeed Reading, Brain Picture, beschleunigte Lernverfahren und andere innovative Lernmethoden zeigen die besten Ergebnisse sowohl in der Qualität als auch in der Quantität der Wissensvermittlung. Die durch solche fortschrittlichen Methoden erzeugten Lernerfahrungen unterscheiden sich grundsätzlich von unseren bisherigen Erfahrungen in Schule, Beruf und Studium.

Menschen mit unnützen Daten, Fakten und Geschehnissen zu füttern, um anschließend die widerspruchslose, wortgetreue Wiedergabe derselben zu verlangen, ist wohl eine der unsinnigsten Methoden, die in den westlichen Industrienationen viele Jahre vorherrschte. Aus beweglichen, neugierigen, kritisch hinterfragenden, immer wieder Neues ausprobierenden, spontan handelnden, aufrecht sitzenden Kindern werden mit solchen Lehrmethoden Menschen herangezogen, bar jeden kritischen Geistes mit einer erschreckenden Interessen- und Teilnahmslosigkeit, abgestumpft und des Lernens müde. Unser Bildungs- und Schulsystem war und ist in großen Teilen immer noch bestens geeignet, das Wort „Lernen" für viele Menschen zu einem Alptraum werden zu lassen.

Kritik an unserem Bildungssystem

Glücklicherweise mehren sich die Stimmen derer, die einen tief greifenden Wandel und eine Reformierung dieses überkommenen Ausbildungssystems fordern. Und es bleibt letztendlich nur eine Frage der Zeit, bis sich die Vernunft durchsetzt und wir begriffen haben, dass Lernen ein lebenslanger Weg der persönlichen Weiterentwicklung ist.

Lernen als Prozess persönlicher Weiterentwicklung

Um mit den Worten eines berühmten Kampfkunstmeisters zu sprechen:

Lernen ist wie Rudern gegen den Strom. Sobald du aufhörst, beginnt dein Rückschritt. Du bleibst stehen, die Welt geht weiter, der Abstand zwischen dir und den anderen wird immer größer. Eine Kluft, die nur mit vermehrter Anstrengung deinerseits zu schließen ist.

Highspeed Reading und Brain Picture sind zwei der fortgeschrittensten Lese- und Lernmethoden, die bewirken, dass wir mühelos am Ball bleiben und uns von der Qual

Durch fortschrittliche Lernmethoden mühelos am Ball bleiben

des althergebrachten Lernens befreien. Diese neuen Methoden demonstrieren dem Anwender sehr eindrucksvoll, welche Erfolge durch gehirngerechte, freudbetonte Lernsysteme möglich sind.

Grundsätzlich sind alle Menschen intelligent und kreativ

Diese Erfahrungen lassen uns auch verstehen, dass jedem Einzelnen von uns eine umfassende Intelligenz und schöpferisches Entfaltungspotenzial innewohnen, die sich in individuellen Denkmustern ausdrücken, sobald die Möglichkeiten dafür eingeräumt werden. Gleichermaßen lernen wir, dass „Dummheit“ und „Faulheit“ nicht per se zu den menschlichen Charakteristika zu zählen sind, sondern wesentlich erst von unserem Schulsystem produziert werden, das uns doch eigentlich zu kritischen, freien und gefestigten Persönlichkeiten ausbilden soll.

Keinerlei Einstiegsvoraussetzungen

Es ist jederzeit möglich, unabhängig von Alter, familiären oder beruflichen Verpflichtungen, sich mit beschleunigten Lernverfahren Wissen in kürzester Zeit anzueignen. Beschleunigte Lernverfahren vermitteln uns eine Fülle von Sinneseindrücken, die uns entdecken lassen, dass Wissensvermittlung eher etwas mit Humor, Bewegung, Entspannung und vielen, vielen Aha-Effekten zu tun hat. Die gemachten Erfahrungen werden uns helfen, dem Lernen einen völlig neuen Stellenwert in unserem Leben beizumessen.

Profitieren Sie von zeitgemäßen Lernmethoden!

Verschaffen Sie sich Zugang zu dieser völlig neuen Art des Lesens und Lernens. Egal welche Art von Wissen Sie sich aneignen wollen, profitieren Sie von solchen zukunftsträchtigen Methoden wie Highspeed Reading, Brain Picture, beschleunigten Lernverfahren. Sie sind Zeit sparend, kraftvoll, freudbetont und tragen zu Ihrer persönlichen Weiterentwicklung bei.

Lassen Sie sich auf diese neuen Erfahrungen ein. Wir wünschen Ihnen viel Spaß und viel Erfolg!

Literatur

Berchem, Frank:
Gehirnjogging. München: Goldmann, 1995
Berg, Harvey:
Super Reading Secrets. New York: Warner Boos Inc., 1992
Beyer, Maria:
BrainLand – Mind Mapping in Aktion. Paderborn: Junfermann, 1997
Birkenbihl, Vera F.:
Der Birkenbihl Power-Tag. Landsberg: mvg, 1999
Birkenbihl, Vera F.:
Stroh im Kopf? Offenbach: Gabal, 1999
Brothers, Joyce / Edward, P. F. Eagan:
In 10 Tagen zum vollkommenen Gedächtnis. München: Heyne, 1999
Buddemeier, Heinz:
Die unhörbare Suggestion. Stuttgart: Urachhaus, 1996
Buzan, Tony:
Kopftraining. München: Goldmann, 1993
Buzan, Tony:
Speed Reading. Landsberg: mvg, 1997
Di Trocchio F.:
Newtons Koffer. Frankfurt: Campus, 1998
Diamond, Jon:
Der Körper lügt nicht. Freiburg: VAK Verlag für angewandte Kinesiologie, 1994
Doman, Gerd:
Wie kleine Kinder lesen lernen. Freiburg: Hyperion, 1968
Dychtwald, Ken:
Körperbewußtsein. Essen: Synthesis Verlag, 1981

Edwards, Betty:
Garantiert zeichnen lernen. Reinbek: Rowohlt, 1997
Isert, Bernd:
Die Kunst schöpferischer Kommunikation. Paderborn: Junfermann, 1996
Kline, Peter:
Das alltägliche Genie. Paderborn: Junfermann, 1997
Konz, Franz:
Der große Gesundheits-Konz. München: Universitas, 1995
Kurtz, Ron / Prestrera, Hector:
Botschaften der Körpers. München: Kösel, 1993
Michelmann, Rotraut / Michelmann, Walter:
Effizient und schneller Lesen. Reinbek: Rowohlt, 1998
Mohl, Alexa:
Der Meisterschüler. Paderborn: Junfermann, 1996
Nørretranders, Tor:
Spüre die Welt. Reinbek: Rowohlt, 1997
Ostrander, Sheila / Schroeder, Lynn:
Fitness für den Kopf mit Superlearning. München: Goldmann, 1999
Ott, Ernst:
Optimales Lesen. Reinbek: Rowohlt, 1999
Park, Glen:
Alexander Technik. Paderborn: Junfermann, 1999
Roberts, Jane: Träume,
Evolution und Werterfüllung. Band 1 und 2. München, Genf: Ariston, 1990
Rolf, Ida:
Rolfing. München: Heinrich Hugendubel, 1997
Rückert, Thomas / Ehrlich, Jörn:
NLP in Aktion. Paderborn: Junfermann, 1997
Rywerant, Yochanan:
Die Feldenkrais Methode. München: Goldmann, 1998

Scheele, Paul:
Photo Reading. Paderborn: Junfermann, 1995
Schwind, Peter:
Alles im Lot: Rolfing. München: Goldmann, 1985
Svantesson, Ingemar:
Mind Mapping und Gedächtnistraining. Offenbach: Gabal, 1998
Turley, Joyce:
Schnellesen im Berufsleben. Wien: Ueberreuter, 1995
Wandmaker, Helmut:
Dick und Krank oder Schlank und Gesund. Ritterhude: Waldthausen, 1995
Wandmaker, Helmut:
Willst Du gesund sein? Vergiß den Kochtopf! München: Goldmann, 1992
Watts, Allan:
Vom Geist des Zen. Frankfurt: Suhrkamp, 1986
Watzlawick, Paul:
Anleitung zum Unglücklichsein. München: Piper, 1998

Stichwortverzeichnis

Das Highspeed-Reading-Seminar

Highspeed Reading ist der Schlüssel für lebenslanges Lernen in einer Form, die sich deutlich von allen Ihren bisherigen Lernerfahrungen unterscheiden wird.

Sie werden von zwei lizenzierten Trainern umfassend in das Lesesystem eingeführt und eine Fülle von Anwendungen bekommen, die Ihrem Lesen eine neue Bedeutung verleihen. Die Seminarinhalte werden mit Prinzipien des beschleunigten Lernens verknüpft und den Teilnehmern didaktisch fundiert dargeboten.

Kennzeichnend für die Seminare ist eine spielerische und offene Herangehensweise sowie eine motivierende und freudbetonte Atmosphäre. So können die neuen Lernerfahrungen bei jedem einzelnen Seminarteilnehmer zu tief greifenden Wandlungen und erfolgreichen Verhaltensänderungen führen.

Im 3-tägigen Seminar zeigen wir Ihnen:

- Wie Sie mühelos Ihre Lesegeschwindigkeit auf über 25 000 Wörter pro Minute erhöhen.
- Wie Sie spielend leicht ganze Druckseiten mental erfassen und in Ihrem Gedächtnis speichern.
- Wie Sie selbst hochkomplexe Zusammenhänge ganz entspannt aufnehmen und ohne Anstrengung verstehen.
- Wie Sie neuen Spaß am Lesen gewinnen und dabei noch enorm viel Zeit sparen.
- Wie Sie Teile Ihres Gehirns aktivieren und wie Sie durch Highspeed Reading die fantastischen Möglichkeiten Ihres Unterbewusstseins besser nutzen.

In den drei Seminartagen werden Sie mehrere Bücher mental lesen und sich alle Aktivierungsmöglichkeiten aneignen, die hier im Buch vorgestellt wurden. Zusätzlich erhalten Sie wertvolle Hinweise, wie Sie das Highspeed Reading System bei unterschiedlichstem Lesematerial in Ihrem Alltag einsetzen und zu einer unterstützenden Kraft in Ihrem Leben werden lassen.

Eine umfassende Einführung in Brain Picture sowie die Möglichkeiten kreativer Entfaltung in allen Lebensbereichen sind weitere Inhalte des Seminars.

Gerne senden wir Ihnen weiteres Informationsmaterial. Unsere Adresse entnehmen Sie bitte dem unten abgebildeten Brain Picture.

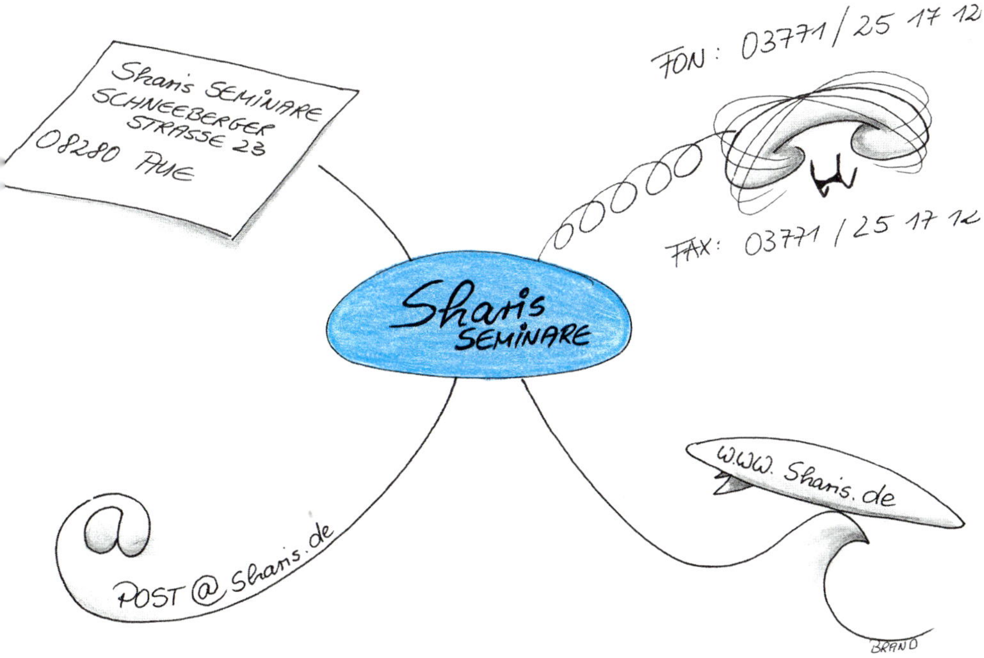